编辑学探索与媒体创新研究

聂　颖　著

东北大学出版社
·沈　阳·

ⓒ 聂 颖 2023

图书在版编目（CIP）数据

编辑学探索与媒体创新研究 ／ 聂颖著. — 沈阳：
东北大学出版社，2023.8
　ISBN　978－7－5517－3398－4

　Ⅰ. ①编… 　Ⅱ. ①聂… 　Ⅲ. ①编辑学－研究 　Ⅳ.
①G232

中国国家版本馆 CIP 数据核字（2023）第 162779 号

出 版 者：东北大学出版社
　　　　　地址：沈阳市和平区文化路三号巷 11 号
　　　　　邮编：110819
　　　　　电话：024－83680182（总编室）　83687331（营销部）
　　　　　传真：024－83680182（总编室）　83680180（营销部）
　　　　　网址：http://www.neupress.com
　　　　　E-mail: neuph@ neupress.com
印 刷 者：辽宁一诺广告印务有限公司
发 行 者：东北大学出版社
幅面尺寸：170 mm×240 mm
印　　张：8.75
字　　数：152 千字
出版时间：2023 年 8 月第 1 版
印刷时间：2023 年 8 月第 1 次印刷
策划编辑：杨世剑
责任编辑：张庆琼　王　佳
责任校对：周　朦
封面设计：潘正一

ISBN　978－7－5517－3398－4　　　　　　　定　价：40.00 元

前　言

新媒介环境下传统媒体的信息传播发生变化，传统媒体编辑迫切需要跟上时代发展的步伐，转变观念和思维方式，在更广阔的视野中审视媒体发展，实时把握各类媒体的特点和传播规律，增强融合意识，借力数字媒体技术，积极开展新媒体时代的编辑学研究，思考媒体创新之路，以提升工作效率、优化工作效果、提高综合素养，从而更好地适应瞬息万变的媒介环境，推动媒体的发展进步。

本书重点关注编辑学理论研究和媒体创新研究的前沿热点或重点问题，分别从理论和实践的层面进行探究。编辑学研究针对当前编辑存在的理念陈旧、数字化技术欠缺、知识结构不合理及复合型人才缺乏等问题，侧重对新媒介环境下编辑媒介素养、能力及编辑团队建设进行探索，并从编辑实务个案分析入手探讨选题与策划，对编辑素养提升提出见解。媒体研究分别从纸媒研究和视听媒体研究两个方面展开，关注新媒介环境下传统纸媒转型与跨媒体发展、视听媒体内容传播等，以期为媒体创新发展提供一些启示。

在本书撰写过程中，著者参考了大量的文献和资料，并得到相关专家的指导，在此表示由衷的感谢。由于著者研究水平和写作时间所限，本书中难免存在遗漏和不足之处，敬请业界同人和广大读者批评指正。

著　者

2023 年 6 月

目 录

第一章 编辑学研究

❖ 第一节 全媒体语境下编辑媒介素养

"全媒体"是近年在业界出现频率很高的一个词，在 2011 年全球传媒产业与新媒体发展研讨会上，来自中国传媒大学、清华大学、中央电视台等单位的与会专家学者提出，"随着网络融合的升级，新媒体和传统媒体共同进入一个全媒体时代"。全媒体（omnimedia）源自美国一家名叫玛莎·斯图尔特生活全媒体（Martha Stewart living omnimedia）的家政公司。全媒体的"全"不仅体现在包括报纸、杂志、广播、电视、音像、电影、出版、网络、电信、卫星通信等各类传播工具，涵盖视、听、形象、触觉等人们接收资讯的全部感官，而且体现在能针对受众的不同需求，选择最适合的媒体形式和渠道，深度融合，提供超细致的服务，实现对受众的全面覆盖及最佳传播效果。随着新媒体的出现和原有媒体格局的变化，媒体传播的信息、途径、功能等也发生了改变，使得人们在使用媒体概念时，需要意义涵盖更广阔的词语，"全媒体"应运而生，并越来越引起研究者的关注，其理念、运作形态和运营模式在新闻传播等领域被不断阐释与运用。

全媒体时代新媒体和媒体技术发展迅猛，信息繁杂多样、日新月异，人们接触、使用媒体与获得、传播信息的方式发生了变化，思想观念、思维方式、生活状态也必然随之变化，编辑更是如此。编辑的工作生活环境已然改变，未来还将处于不断变化之中，可见，新媒介环境对编辑素质提出了新要求。为此，编辑要适应环境的改变，与时俱进，不断提升个人的媒介素养。这不仅是编辑个人自我完善、实现职业理想及完成肩负的社会责任的需要，而且是业界在新形势下改革、发展与壮大实力的需要。因此，在全媒体语境下提升编辑的媒介素养，使其成为一名合格的"全媒体编辑"，具有重要的现实意义。

一、全媒体语境下编辑面临新的媒介环境

媒介环境是指由各种媒介营造的一种社会情境，这种社会情境是传播者、受众及广告商等多力量综合作用的结果。全媒体语境下编辑面临新的媒介环境表现出如下两个典型特征。

（一）新媒体与传统媒体既博弈又融合，媒介生存格局发生变化

微博以草根性、便捷性、"背对脸"、"碎片化"、"浅阅读"等鲜明特色，开拓了数字传播新渠道，成为信息传播中对媒体软环境有着颠覆性影响的新平台，并在受众参与、信息传播和分享方面发挥着重要作用。可见，新媒体的出现和迅猛发展对传统媒体产生了强大的冲击，传统媒体占据绝对统治地位的格局已被打破。新旧媒体在现有媒介格局中都有一席之地，但以互联网、移动媒体等为代表的新媒体不断催生新的商业模式，使新旧媒体市场更加细分化。

传统媒体和新媒体间目前是既竞争又融合的关系，并在这样的关系中力求实现多元化共同发展。两种媒体一方面保持着各自的优势，另一方面在传播内容、渠道和媒介终端，以及信息共享传播等方面相互融合与渗透，从而使各种介质媒体间的边界变得模糊。例如，在新浪微博上，有许多传统媒体（如《三联生活周刊》《新周刊》等杂志、《鲁豫有约》等电视节目，以及一些学术、科技类期刊）进驻，利用微博开拓业务、扩大影响力。传统媒体与新媒体的这种融合是目前媒体发展的重要趋势。

（二）传播者与受众的边界消融，单一传播转为双向互动传播

在传播新技术推动媒介变革的过程中，传播者和受众这两个关键环节的变化最明显。传统媒体是"主导受众型"，新媒体是"受众主导型"，新媒体更凸显"人"的要素。全媒体语境下，随着各类媒体融合渗透、媒介产品多样化及新技术被不断应用，受众主动性的边界不断被突破，传播者和受众的界限

变得模糊，受众在传播中的主动性加强，可以在更大空间内参与信息传播和互动交流，由单纯的接受者角色转向既是接受者又是传播者的双重角色，由被动地接收信息向主动地创造信息发展。美国文化研究学派的代表人物之一、媒介理论学家约翰·菲斯克（John Fiske）提出了新型受众观——生产性受众，强调受众的高度主体性和能动性。该理论也被目前媒介发展带来的受众角色转变的新趋势所印证。在新的媒介环境下，单一的传播流程已发生变化，媒体在传播中对信息的垄断被打破，变为媒体人与受众共享，传播模式由点对面的单向线性传播转变为双向互动性传播，甚至一对多、多对多的传播。这一转变拓宽了受众对媒介进行评价的渠道。网络普及使受众对于各类媒体的评价由"延时性"变为"即时性"，受众评价由信函、电话等方式转变为电子邮件、QQ、微博等通信方式，沟通速度更快。微博更是把传播学概念中传播者和受众的身份进行了融合。在全媒体时代，公众不再只是单纯的受传者，而是成为信息传播主体。

二、全媒体语境对编辑媒介素养的新要求

在数字时代，全媒体发展战略的提出符合新的信息传播环境的需要，是未来传媒业竞争和发展的主要方向，这必然对编辑的媒介素养提出了更高的要求。

（一）前瞻性媒介研究力

在媒介新技术迅猛发展的环境下，能够提前把握具有潜力的对象是非常重要的，因为一些有潜在价值的项目通常会衍生出让人惊叹的东西。前瞻性媒介研究力是一种在正确认识和理解媒介现状事实的基础上，把握传播形态、传播模式、传播技术的发展趋势的能力。如果编辑拥有这种前瞻性媒介研究力，就能理解媒介技术发展对媒介格局及社会生活形态等方面的影响，对新出现的媒体形式就会有敏锐的感觉，不会漠视和排斥，而会积极研究其传播特性，在最短的时间内利用其为自身发展服务。

（二）多媒体传播策划力

多媒体传播策划力在浅层面上要求编辑具备多媒体传播能力，即掌握多媒体技术，能够快速地搜索、处理、传输各式文本、照片、图表等内容，熟悉报纸、广播、电视、网络、手机及其他新媒体的运行和操作技能。加拿大传播学学者哈罗德·伊尼斯（Harold Innis）曾指出，新的传播技术创造着新的思维方式。

多媒体传播策划力在深层面上的要求正是针对编辑的思维和理念的，即要求编辑转变思维方式和固有的工作模式，具备有效利用多媒体进行一体化的多媒体内容设计和生产的策划能力。例如，通过策划方案，策划如何利用不同的媒体宣传形象、打造品牌；如何通过多种媒体调查发现受众的实际需求并挖掘潜在客户群；如何针对市场的高度细分化调整宗旨和定位，提供服务于某一阶层受众或满足受众某种特定需求的内容；如何依据数字出版的不同传播效果，将内容包装成多样化、个性化的产品；等等。

（三）多信息整合知识力

在媒体激烈竞争的时代，无论是传统媒体还是新媒体，谁拥有强大的信息整合力，谁就拥有更大的社会影响力。编辑不应满足于做一名合格的"工匠"，而应该成为一名研究者和创造者。为此，编辑要具备多信息整合知识力，其核心是对海量信息的探寻、筛选和甄别，从中发现真正有价值的重要信息，将杂乱无序的信息立体地、逻辑地呈现，并将其纳入自身的知识体系。同时，要根据媒体的宗旨和定位，用专业的眼光整合信息，为受众提供有价值的、创新的观点，帮助其更加系统、深刻地了解和把握社会动态和最新成果。编辑既要掌握编辑出版相关的专业知识和业务技能，又要熟悉自然科学、人文社会科学相关知识，"如果不能完全懂得，也应该尽可能多地懂得"，还要切实从受众角度出发，关心其信息需求，并及时将他们需求的内容"快递到户"。

三、全媒体语境下编辑媒介素养的提升路径

马歇尔·麦克卢汉（Marshall McLuhan）在《理解媒介》中提出，媒介文化已经把传播和文化凝聚成一个动力学的过程，将每一个人都裹挟其中，生活在媒介文化所制造的仪式和景观之中，我们必须"学会生存"。全媒体时代业界的优胜劣汰、激烈竞争，究其根本，是编辑综合素养的"终极较量"。因此，编辑必须通过多种途径提高媒介素养。

（一）更新理念：形成理性批判的信息接受观

随着媒体新技术的发展及互联网的普及应用，微博、微信等新产品层出不穷，信息传播的途径趋于多样化，传统媒体已经无法垄断信息的发布，信息发布者和传播者由媒体独家扩展到普罗大众。信息来源越来越广，信息量空前膨胀，但信息良莠不齐、杂乱无章，也难以确定真实性。"存在决定意识，思想指导行动"，针对这一形势，在全媒体语境下，编辑要更新信息接受理念，培养媒介批判意识，具备理性客观地搜集、遴选、辨别、分析信息的能力，即根据编辑活动需要主动选择信息的能力。编辑要从哲学角度，用辩证的方法论和科学的思维方法分析信息内容，用新媒体工具对数据进行分析和挖掘，对海量信息做出相对客观的评判，并进行恰当的取舍与再加工。

（二）升级技能：提高驾驭多种媒体的实践水平

从表层看，编辑要掌握新媒体、多媒体及相关软件的操作技能。当前各编辑部都在积极建设网络平台，通过数字出版等扩大业务面，编辑工作的技术含量增加。编辑不但要具备计算机、互联网、多媒体的软硬件等方面的相关知识，还要能熟练操作 Word，Photoshop，Frontpage，Dreamweaver，Flash 等相关软件，掌握摄录、网络视频制作等基本技能。同时，要主动接触媒介新事物，如使用微博、平板电脑和智能手机等辅助办公。

向更深的层面探究，在全媒体语境下，新媒体人要具有复合型的媒体能力和素养，只有传统的采写、编辑技能是不够的，还要有设计、整合营销、全媒

体报道等能力。编辑在掌握新媒体操作技术的基础上，要具备整合各种媒体资源并利用新媒体设计、策划、运作自身媒体的能力，要能够按照专题策划思路把整合的信息归入适当的栏目位置，推动与受众的双向交流，提供符合受众多样化需求的内容。

互联网的普及和高速发展增进了传播者和受众的双向互动，论坛、博客、微博、微信公众号、短视频等都在网络世界发挥着各自强大的影响力。因此，编辑不仅要学会利用各种新媒体引导受众参与内容传播，更要及时地透过多样化的媒体渠道获得有价值的信息。例如，通过独家策划、独家观点和特色栏目等方式邀请专家学者、社会名流等阐明新观点，提高媒体质量和水准，契合受众的特定需求；通过即时通信工具（QQ、微信等）加强与作者、读者和审稿专家的在线互动；通过微博和自身网站平台及时精选发布最新内容，聚合受众，形成固定的读者"粉丝群"，分析受众反馈信息，塑造良好形象，提升自身影响力。

（三）构架体系：建立多元开放的知识结构

邓拓曾说："记者的知识越多越好。记者要先做杂家，再从杂中求专。"编辑也不例外。在全媒体时代，编辑要有针对性地关注并学习媒体新技术知识，有效掌握多样化的网络工具知识和数字出版、网络传播知识，并使这些知识与实际工作实现完美对接。同时要多吸收自然科学、社会科学和人文艺术等方面知识，学习与出版有关的法律法规，特别是数字出版管理的相关规章制度，树立正确的大局意识和政治观，恪守编辑职业道德，做到不违背出版规律、不片面追求经济利益，使自身知识储备在广泛涉猎的基础上融会贯通。要完善编辑知识结构，具备"人无我有，人有我优"的能力，成为复合型的、业界或某个领域的"行家里手"。

编辑建立多元开放的知识结构，可通过以下三条途径：一是规范职前培养，通过学历教育和开展"专业资格认证"等途径建立知识结构；二是开展继续教育，通过自学、在职培训、网络在线学习等方式完善知识结构；三是围绕专题、热点等具体问题具体分析，有针对性地阅读相关学科的文献资料，培养多学科的思维能力，随时充实自身知识储备。

媒介素养是编辑一生都需要不断提高的修养。当前，需要建立一种广泛舆论，让人们对媒介素养教育的重要性达成共识，确立媒介素养终身教育的理念，并将其作为一项长期项目去努力、去奋斗。

❀ 第二节　新媒介环境下编辑素养

当今时代，新技术、新媒体迅速发展，信息瞬息万变，媒介环境发生了巨变，编辑面临着新的媒介环境：新媒体迅猛发展，传统媒体"一家独大"的格局被打破，新媒体与传统媒体在融合发展中不断博弈竞争；传播者与受众的界限不再分明，单向传播转为双（多）向互动传播。新媒介环境下，媒体间的竞争归根结底是包括编辑在内的媒体从业者本身综合素质的全面较量。因此，编辑要生存和发展，就需要在原有能力的基础上，不断提高自身素养，以应对不断变化的新形势。

一、新媒介环境下提升编辑素养的必要性

（一）媒体可持续发展的必然要求

面对文化体制改革、知识经济及市场经济体制发展等多方面的挑战，媒体可持续发展的关键在于建设一支高素质的编辑队伍。编辑一定程度上能引导媒体潮流，其综合素质、知识水平及对媒体的理解和驾驭能力将直接影响媒体的可持续发展。如果编辑的素养不高，其生产的文化产品质量也会受到影响，必将带来与受众之间的沟通障碍，受众对其的评价和态度就会发生改变，从而影响媒体的品牌形象。

（二）建设学习型编辑团队的迫切要求

编辑不仅是媒体中分散的、各司其职的单一个体，而且是一个编辑团队的有机组成部分。学习型编辑团队要求每名编辑在团队中发挥奉献精神，具有高度的责任感，共享知识与技能；要养成主动、长期学习的良好习惯，不断提高

自身素养。离开编辑素养的提高，建设学习型编辑团队就是一句空话。只有团队中每名编辑都积极参与，运用自身素养和能力解决实际问题，才能提高团队的凝聚力、向心力，进而提高团队的整体素质。

（三）编辑提高自身竞争力的内在要求

个人竞争力，是个人的社会适应能力和社会生存能力，以及个人的创造能力和发展能力，它是个人能否在社会中安身立命的根本。编辑要不断完善自我、提升自我，关键在于提升自己的素养，提高自身竞争力。

编辑要不断实现自我突破，就需要不断充电，选择对工作有价值的培训项目，扩大知识面，提高技能水平，拓展人际关系。只有这样，才能使自己在激烈的竞争中立于不败之地。新媒介环境下，媒体需要的是具有核心竞争力的高素质复合型人才。

二、当前编辑素养中不适应新媒介环境的表现

目前，大多数编辑能跟随媒介环境的变化不断加强自身素质，但是仍有一些编辑无视新媒介环境的变化，不注重提高素养，只满足于做一名"匠人"，导致编辑素养中存在一些亟待解决的问题，具体表现在以下三个方面。

（一）墨守成规，缺乏研究与理念创新

这一问题主要体现在两个方面：一方面，编辑对传播、编辑出版等方面的最新理念与新兴行业规范不关注，心态浮躁，不能潜心研究媒体传播规律与最新动态，缺乏探索精神，仅靠以往的经验工作；另一方面，编辑对所负责栏目涉及的专业内容的新进展、新信息、新技术不了解，缺乏专业知识，缺少创新意识和能力，导致媒体内容陈旧，自身也无法实现从"工匠"角色到"创新研究者"角色的转换。

（二）故步自封，对新媒体缺乏敏感

新媒体的发展日新月异，给人们的思维方式、思想观念及生活方式都带来了深刻影响。有些编辑虽然生活在这样的环境下，但或不知所措，或对其漠

视，固守原来的工作模式，不去思考和实践如何实现新媒体与自身工作的有机、高效结合，排斥新事物，不能运用和发挥新媒体在聚集受众、提升从业媒体影响力等方面的优势。

（三）不思进取，知识结构断裂

编辑只有具备丰富的知识储备，建立起完备的知识结构体系，才能更好地对文本内容做出科学的取舍和编辑加工。而目前，有些编辑不注意知识的积累，缺乏对新知识、新技术的了解和吸收，只满足于完成既定的工作任务，工作之余不再充实自己的知识库，疏于自我学习与自我能力的提高，导致知识结构发生断裂，出现新的知识盲点，不能适应迅速变化的新形势的要求。这必然导致其在筛选内容时无法慧眼识珠，漏掉有价值的、前沿的、创新的内容，进而影响媒体的质量。

三、顺应媒介环境的变化，提升编辑素养

新的媒介环境和格局对编辑素养提出了更高、更新的要求，编辑只有不断提升自身素养，并内化为自觉行动，才能不被时代所抛弃。提升编辑素养具体有以下三条途径。

（一）树立理性批判的信息接受观

当前，发布信息已经不是传统媒体的特权，普通大众也可以成为信息的发布者、传播者。在新媒介环境下，存在决定意识，思想指导行动，编辑首先要树立正确的信息观，培养媒体批判意识，具备理性客观地获取、分析、辨别信息的能力，即根据自身需要选择信息的能力。只有以正确的观念作为指引，在面对新形势时，编辑才能稳住阵脚，有条不紊地履行职责，发挥自身潜力。可见，树立理性批判的信息观，有利于编辑的素养提升和职业发展。

（二）提高驾驭新媒体的能力

对新媒体技术，编辑不仅要了解，更要会操作。目前很多媒体机构积极进行网络平台建设，建立了自己的网站，通过数字出版等开拓业务。面对这些新

变化，编辑工作的技术含量开始增加，编辑以网络为平台，组稿、审稿、编辑加工等都需要朝数字化转变。编辑不仅要熟练掌握文稿编辑校对软件等的操作技能，而且要熟悉新媒体（如微博、微信及短视频平台等），以及人工智能软件。

新媒介环境对人才有了更高的要求，迫切需要复合型媒体人才。复合型人才需要在传统的采、写、编基础上，扩展更多的与新媒体相关的技能。对于编辑而言，要具备数据分析能力、信息鉴别能力，根据选题策划需要把信息归入适当的栏目，促进与受众的互动交流，重视受众的信息反馈，满足受众个性化、多样化的需求。

（三）构建复合开放的知识结构体系

高素质的人才必须具备特定的知识结构体系，编辑也应如此。全媒体时代，编辑每天面对杂乱、海量、随时更新的信息，必须读更多的书刊、学更多的新技术，并在此基础上，不断提高自身的创新意识和能力，才能更好地应对。具体来说，编辑要灵活使用各种新媒体工具，时刻关注技术的发展，并紧跟发展的脚步去充实自己的知识，从而使自己具有"人无我有，人有我优"的能力，成为所从事行业或某个领域的"专家"，真正做到活到老、学到老。特别是在当前数字出版进程中，为了以最佳的状态完成工作任务，编辑要学习数字出版、网络传播技术等知识，并切实地应用到实际工作。只有这样，编辑才能在遴选稿件时做到遵循出版规律，不因片面追求发行量（点击率）而丧失原则，做到在广泛涉猎的基础上融会贯通。

四、人工智能时代学术期刊编辑的坚守

目前，人工智能发展迅速，成为社会舆论热点。国家战略层面正积极倡导发展人工智能，国务院印发了《新一代人工智能发展规划》，新闻出版业"十三五"发展规划明确了人工智能的发展方向，学术期刊业也成为受人工智能影响的重要领域。学术期刊编辑面对人工智能这一新事物，要端正认识态度，并遵循相关准则，合法、合规、合理地利用人工智能为编辑出版工作服务。

（一）坚守社会道德

英国物理学家斯蒂芬·霍金（Stephen Hawking）在 *Brief Answers to The Big Questions* 一书中，表达了对未来人工智能意志可能存在与人类意志冲突的担忧。人工智能是一把"双刃剑"，对人工智能进行规范管理，需要社会道德的约束。当其由社会道德引导时，将推动社会进步，并朝着正确的方向发展；反之，如果失去道德的制约，那么会带来无法估量的灾难。总之，人工智能的发展需要道德和人性的力量为其保驾护航。

道德代表社会的正面价值取向，是判断民众行为正确与否的基本准则，而传播与社会道德之间是相互影响、相互作用的辩证关系，传播会反作用于社会道德，对社会道德起建构或消解的作用。学术期刊编辑对人工智能的运用要合理、适当，无论人工智能如何发展进步，编辑的道德责任始终是处于第一位的。在新媒体和人工智能的冲击下，学术期刊编辑的工作和生活环境都发生了很大变化，这些变化在一定程度上影响了编辑的职业道德，学术期刊编辑特别是涉及人文社会科学的编辑，稍有疏忽就有可能造成导向偏差，偏离社会主义主流意识形态。

对此，学术期刊编辑首先要坚守社会道德底线，做社会道德底线的守望者，以不对社会普通民众或具体个体造成伤害为底线。学术期刊编辑要促使媒体有意识地为社会明确一条不能逾越的道德底线，并通过媒体力量传播、强化这种底线意识，还要不断提升社会道德底线。媒体的道德操守关系到公众对社会道德的认知理解和道德信心的加固，责任重大。其次要加强编辑道德教育，培养其健全的人格。道德教育要贯穿编辑职业生涯的全过程。编辑的人格魅力和道德水准直接影响其编辑工作水平，当人工智能被应用到审稿、筛选加工、校对和印刷等环节时，编辑的道德修养高低会使其达到善用或者造成滥用。最后，编辑要担负起社会责任，在履职过程中，根据自己的责任筛选优秀稿件，有目的地传播学术思想和信息，本着对出版事业、作者和读者负责的态度，利用人工智能完成好相关工作。

（二）坚守学术伦理

科技的健康发展离不开伦理约束。近年来学术界曝出一些科技伦理、学术失范问题，对此，需要在科技发展过程中引起高度重视，并进行伦理规范和正确引导。面对不能预知的科学技术，包括人工智能的发展，伦理安全必须放在首要位置。中华优秀传统文化对当代人思考科学和伦理的关系问题具有重要的思想启发意义，可以借鉴其中精华，制定学术界、学术期刊业伦理安全规范并切实执行。

当前，职业伦理教育在编辑培训和继续教育中普遍缺失，应促使职业伦理教育成为编辑的必修课。学术期刊编辑要通过职业伦理教育形成伦理共识，具备伦理技能。学术期刊每一个环节的编辑实践活动中都体现了编辑的伦理价值观念，这是编辑对稿件进行价值判断的依据。编辑在具体稿件的筛选加工活动中，不能夹带个人私心，不能戴着有色眼镜，不能因人而异，而要主动思考，坚持求真求实和创新。求真求实是科学精神的根本与精髓。编辑求真求实就是要认真筛选来稿，去伪存真。对来稿中存在思想偏差、观点错误、违反事物客观规律和存在伦理问题的研究成果"零容忍"；对于学术不端行为，如剽窃抄袭、伪造数据与表格、篡改他人研究成果等坚决杜绝。同时，编辑要尊重作者文稿的知识产权、著作权等，提高产权意识，如在期刊发表的文章不能随意删减署名、更改作者排名顺序等；在将期刊发表的文章进行新媒体传播时，要充分尊重原创作者的劳动，在作品署名权上，凡是转发的内容一定注明作者及其代表机构名称，如涉及收益，原创作者享有收益权，应与其分享收益；等等。编辑还要杜绝通过编辑活动牟取不正当利益，如有偿提供撰写论文、修改论文等服务。编辑要与时俱进，更新观念，优化知识结构，在选题策划、栏目设置和传播途径等方面进行创新，探索多种媒体融合发展，利用人工智能等技术不断创新工作方式方法。习近平总书记在十九届中央政治局第十二次集体学习时发表的重要讲话中指出，要探索将人工智能运用在新闻采集、生产、分发、接收、反馈中，全面提高舆论引导能力。目前，人工智能有很多优势可以用于编辑工作，如机器协助校对、语言录入稿件、稿件内容筛查和交互体验等。

（三）坚持审美准则

面对人工智能，学术期刊编辑要坚持价值引导，必须为其注入更多人文精神，赋予其审美价值。无论科技如何进步，人类对真善美的追求是永恒不变的。审美艺术可以给人的心灵以慰藉、升华，要引导人们懂得欣赏美、感悟美，主动体验美，追求美好生活。

编辑工作是一种专业性的以创造社会审美价值为目标的精神生产活动。每名编辑都有自己的审美观点，稿件处理过程中便能体现出编辑的审美个性。编辑只有具有审美个性，学术期刊的生命力和特色才能保持长久。同时，编辑要坚守审美原则，这是保证学术期刊政治质量和学术质量的关键。审美个性与审美原则并不矛盾，可以和谐共生，共同构成学术期刊编辑的审美准则。在整个编辑实践的各个环节中，每名编辑都要依据审美准则进行稿件的筛选加工，按照美的规律，关注作者的文字美、逻辑美，编辑加工的修饰美，期刊编排装帧印刷的设计美，从而达到编辑美的境界。

学术期刊编辑的审美准则具体包括以下四个方面。一是科学性（也称为合规律性）。编辑在对稿件的审美评价中，必须以事物正常客观的发展规律为前提，符合文章的内在逻辑思路。二是普遍性。编辑对稿件的审美评价需要符合大众普遍的审美要求，要遵守形式美的基本法则，如语句节奏有序、段落整齐、标题对称、结构均衡与整体和谐等。三是个性化。编辑在处理稿件时，需在普遍性的基础上体现特性。每名作者的审美素养、审美趣味和审美追求各不相同，体现在文章中的审美风格也千差万别，因此编辑在处理稿件时，不应按照"八股文"格式处理，而是要保留稿件的个性特点。四是发展性。审美的标准并非一成不变，随着社会的进步，人类对审美的要求处于不断发展变化中，编辑不能把审美标准固定化、模式化，而要对审美标准进行更新和调整，达到常变常新。

总而言之，学术期刊业面临智能化变革，人工智能的发展使编辑面临机遇与挑战，人工智能并非不需要人，而是对人的素养提出了更高的要求。目前，人工智能仅能从事程式化、重复性的劳动，不能取代人的工作，随着技术的发展，社会对创新型人才的需求只会更多。学术期刊编辑要顺应潮流、理性面对，善用技术力量，从简单、重复性的劳动中解放出来，把更多的时间和精力投入到创造性的工作中，从而不断提升期刊质量，助推期刊出版业健康、可持续发展。

五、融媒体语境下编辑素养提升

融媒体是充分利用媒介载体，把广播、电视、报纸、网络等既有共同点又存在互补性的不同媒体，在人力、内容、宣传等方面进行全面整合，实现"资源通融、内容兼容、宣传互融、利益共融"。在融媒体时代，媒体不再一家独大，媒体之间的博弈与融合同时存在，加之新媒体迅猛发展，不仅体现了技术的进步，更带来了理念的更新、思维方式的转变，编辑本身综合素养的高低对其从业媒介的健康发展有着重要影响。因此，编辑需要在原有素养的基础上，扩充、提升新的素养，即要具备"三力"——信息批判力、媒体驾驭力和知识架构力，这也是新形势对编辑提出的更高的要求。

（一）具备理性的信息批判力

信息批判力，是指对信息的批判性思考，是以信息为目标导向的思考过程。面对信息社会中更新速度快和瞬息即逝的海量信息，以理性的角度观察，对复杂多变的信息中包含的新问题、新情况进行适当的反应与思考，并做出正确的决定和提出可行性方案，是编辑在工作中必须要提高的一项重要能力。编辑在工作中每天面对大量的、良莠不齐的信息，如果缺少了理性的信息批判力，那么编辑就成为按部就班、墨守成规的"机器"，无法在大量信息中发现真知灼见。在具体的编辑活动中，如选题策划、审稿、加工等环节都是非常重要的，无论哪个环节出现问题，都会影响到稿件质量，进而影响媒体的整体质量。这就需要编辑调动批判力，多方面客观地理解，提出疑问，并与作者商讨，进而进行有价值的修改。编辑可以在具体编辑活动中训练自身的信息批判力，以工作中遇到的实际问题为导向，在复杂的问题中，通过主动探究和相互合作来解决问题，从而发现隐含在问题背后的规律，形成解决问题的能力。

（二）增强多种媒体驾驭力

多种媒体驾驭力是编辑必不可少的能力，这种驾驭力应该包含两个层面的意思。

从浅层面上看，是指编辑要具备熟练使用各种媒体的操作能力。目前的情况是平面媒体开始拓展数字出版等新业务，面对这样的新情况，对编辑的技术含量的要求要比之前明显提高，仅会采、写、编是远远不能满足媒体快速发展要求的。为此，编辑要提高警觉性，不断强化自身素质，除了学习和掌握电脑、网络、多媒体，以及一些编辑、网络建设软件等相关知识与技术，还要根据自身从业的媒体的实际，学会如摄录、网络视频制作等相关技能。另外值得注意的是，当前新媒体发展迅猛，编辑要多关注新媒体动向，对一些新的媒介要大胆尝试并应用于自己的工作中，如熟练使用微博、微信、短视频和直播平台等。例如，现在微博的普及利用率非常高，各大媒体几乎都有自己的官方微博，编辑要利用好微博这一平台来聚集人气，发布从业媒体的最新信息、热门话题等，以引发微博用户的热烈讨论和转载，通过微博的有效使用促进媒体整体水平的提升。

从深层面分析，这种媒体驾驭力是指编辑在熟练操作多种媒体的基础上，对媒体的策划与管理能力。新媒体时代需要复合型人才，传统的采、写、编、评技能是基础，在此基础上，还要具备创意策划能力、营销能力及全媒体报道能力等。媒体策划是帮助一个组织建立并维持它与媒体、公众之间的相互沟通，是企业品牌传播和市场推广的关键，凭借广泛的媒介覆盖网络和对媒介的深刻了解，整合报纸、网络、广播电台、电视、手机短信等各种传媒资源，用社会文化运作的手法，引导公众关注，从而达到导航舆论、诠释职能、树立良好的产品消费文化的目的。因此，作为一名合格的编辑，不仅要站在自身从业媒体的角度来做媒体，更要立足整个新闻出版的大环境，站在营销策划的角度操作媒体，这种策划不仅仅是针对单一的电视或某份具体报纸、期刊的策略，而是要将新媒体与传统媒体有机结合，充分发挥各自的优势，不要使编辑的内容成为脱离实际的，以及与市场、读者需求不能有效衔接的高屋建瓴的东西。

（三）形成开放树状的知识架构力

面对新的融媒体环境，具有构建开放树状的知识架构力是编辑自身非常重要的、必备的能力之一，灵活开放的知识架构力可以快速应对内容丰富的编辑工作的需求。编辑要以所学的专业知识为"中心点"，与其相近的、相关的，以及对从事具体编辑工作有用的知识作为网络的"纽结"相互联结，形成一个具有适用性和实用性的，能够在编辑工作范围内驰骋的知识架构树。这种知识架构树是类似树状的知识架构。在知识架构树中，哲学是树根，具体包括世界观、人生观和价值观，以及方法论。方法论对编辑工作至关重要，其主要内容即辩证的方法论和科学的思维方法。树干是基础学科，生发出来的树枝包括自然学科、社会学科、人文艺术学科等各门类学科。知识架构树的树枝不是平行的、孤立的存在，而是像植物的树枝一样互相交叉，共同为编辑的实际工作服务。编辑要在实际工作中不断加强新知识、新技术，以及行业最新研究动向的学习和了解；不断加深对出版法律法规、出版管理条例等相关政策法规的理解、认识，并用于指导实际，且要迅速把获取的新知识、新技能等内容定位到自己的知识架构树的恰当位置，然后进行深入的钻研，融会贯通。

总之，编辑的信息批判力、媒体驾驭力和知识架构力不是孤立的，其中信息批判力是前提，媒体驾驭力是关键，知识架构力是基石，三者缺一不可。只有将"三力"齐发，汇聚成一股强大的合力并共同发挥作用，才能帮助编辑从容应对复杂多变的媒介环境。

六、传统编辑的转型困境与破解之路——评《媒体融合背景下媒体人转型研究》

当前 5G 商用大跨步推进，移动互联网、人工智能等新技术蓬勃发展，新媒体受关注度越发高涨，而传统媒体的受关注度却不断下降，这造成了传统编辑人员心态的变化。如何在不断变革和变化的时代发现自身的短板，并明确自己的角色和位置，突破传统思维定式，避免被边缘化，在全新的传播生态中立于不败之地，是每名传统编辑都必须面对和深刻思考的问题。以习近平同志为核心的党中央做出推动媒体融合发展的战略部署。以媒体融合为目标的转型之路，必然要求传统编辑不断提高素质和能力，跟随媒体革新积极转型，适应时代发展对编辑的新要求。蒋旭灿、袁志坚合著的《媒体融合背景下媒体人转型研究》一书，从媒体转型呼唤媒体人转型入手，探讨了媒体融合背景下两者之间的关系及各自不同的目标要求，具体分析了媒体人面对转型的看法和当前职业的困境、媒体和管理者对传统媒体人转型的支持、两者如何共同转型与突围等问题，并提出了富有现实价值的建议，对于传统编辑应对媒介环境变化、转变思路、改进工作具有一定的参考价值。具体而言，《媒体融合背景下媒体人转型研究》一书有以下特点值得关注。

（一）关注行业动态，突出问题的现实性

当前，传统媒体受到了移动互联网的冲击，媒体融合势在必行。如何推动传统编辑踏准新兴媒体的节奏，成为当前研究的重要课题。传统编辑面对新兴媒体兴奋又迷惘、激动又焦虑，要么漠视，要么想主动出击却束手无策，更有甚者悲观失望寻求"转行"。《媒体融合背景下媒体人转型研究》的作者来自传统媒体工作一线，非常熟悉当前传统媒体面临的危机，能够真正发现媒体融合背景下媒体人的生存困境及转型的艰难等现实的问题。但该书没有孤立地谈编辑转型，而是从媒体转型面临的形势自然而然引到编辑如何转型的问题上，基于传统编辑生存的大传媒环境谈编辑转型，避免了空洞的论述，具有现实的针对性。从媒体机构组织和管理层积极探讨对策，从激励制度、角色定位、技能修炼和心理辅导等与传统编辑息息相关的方面积极行动，提出为传统编辑转型营造开放、公平、有序的媒体从业环境。在这种环境中，传统编辑之间的交流将会更加通畅，思想碰撞会增多，素质与技能也会不断获得提升，并学会与新媒体用户进行互动，更能积极参与和引导用户的对话。只有这样，传统编辑才能更好地适应新媒体时代的职业要求，更好地坚守职业操守和履行编辑的社会责任。

（二）聚焦具体案例，理论与实证有机结合

为了提高对传统编辑转型问题研究的科学性和针对性，《媒体融合背景下媒体人转型研究》从媒体人转型相关文献总结前人经验，结合经济学、社会学、心理学、传播学和管理学的理论成果，以理论为基石，以具体案例为材料，理论联系实践，搭建传统媒体人转型之路。该书通过对宁波日报报业集团媒体人转型各类情况的调查，将量化与质化相结合，以传统媒体行业第一手数据来展开对整个传统媒体行业的观察和思考，最终从多个视角、全方位分析探讨了媒体转型改革期传统编辑的角色认同危机、心理障碍和能力重塑等难题，并指出编辑转型是一个长期性和常态化的过程。这一案例能够体现大多数地方传统媒体（无论是报纸、杂志还是广播电视台等）共同面临的问题，具有典型性、普适性和共通性。

（三）多角度思考，多学科综合分析

做任何事都要讲究方法，方法可行，问题才能迎刃而解，才能取得事半功倍的效果。《媒体融合背景下媒体人转型研究》一书没有仅仅局限在传播学视域中研究传统媒体人的转型问题，而是秉持开放的思维，在大的架构下研究传统传媒和传媒人的转型，并提出破解对策。除从传播学分析，还从经济学、社会学、心理学、管理学等多个学科系统研究传媒人转型问题。从传播学视角，关注媒体转型业务变革方向、媒体融合中媒体人的专业角色定位和技能再造；从经济学视角，侧重职业回报与制度激励；从社会学视角，探讨媒体人转型社会角色认同危机及社会角色价值重建；从心理学视角，注重媒体转型期媒体人的生存现状、心理障碍及其心理危机干预；从管理学视角，强调媒体人转型与体制机制创新的关系、管理者的作用并探索内部创业路径。在新环境下，传统媒体公司默认需要转型的是产品内容，但实际上，传统媒体组织本身的转型也需要极大的关注。这是实现可持续发展的唯一途径。可见，该书在管理学视角下进行的研究具有创新意义。各个学科相互作用产生的效应大于各个学科独立作用产生的效应。多学科综合分析，对问题的研究更全面、更深刻。这对于传统编辑扩展思维、加强全科思维具有重要借鉴意义。

《媒体融合背景下媒体人转型研究》一书立足现实，直面问题，关注个体成长和发展，寻求突围之道。正如宁波大学新闻传播学院陈月明教授表示，该书无论是对新闻生产、新闻传播研究，还是对媒体管理研究，都具有很高的学术价值。同时，对面临生存危机和转型挑战的传统媒体从业者、管理者的思考和实践，具有借鉴和指导意义，填补了该领域研究的空白。他相信，该书还将成为新闻史、新闻媒体发展史研究的重要参考资料。

七、编辑素养提升的三维聚合路径

当前媒体环境加速变革，文化体制改革如火如荼，加之新媒体迅猛发展及其对人们思维、工作和生活方式潜移默化的影响，各类媒体对优秀高素养编辑人才的渴求日益迫切，对编辑素养的要求不断更新和提高。正如《汉书·李寻传》道，"马不伏历，不可以趋道；士不素养，不可以重国"，媒体已经认识到只有高素质的编辑人才，才能生产出高质量的社会精神产品。谁能够努力创造环境和条件探索编辑素养的提升途径，培养用好编辑队伍，谁就能够受益于编辑素养提升带来的媒体质量和影响力的提升，从而收获丰硕成果，抢占竞争的制高点。

（一）搭建平台——编辑素养提升网络平台

网络具有很多鲜明特点：网络先进技术可以改变人们的思维方式、学习方式和交流方式；网络信息资源丰富，且比较关注热点问题和前沿问题，时效性比较强，可以突破时空的限制，提高学习广度和效率；网络上各种教育资源众多，可以平等共享；网络教育学习方式、学习时间、学习地点灵活，用手机可以随时随地学习；网络学习中，编辑可以掌握学习主动权；网络可以提供个性化教育；等等。面对网络的特点和长处，提高编辑素养不能仅依靠线下培训，还要充分发挥网络优势，使线上线下联动。为此，可以搭建以下两个平台。

1. 交互式网络平台

当前人们的生活节奏随着现代社会的加速发展而日益变快变得紧凑，工作之余的闲暇时间较少，为了更加合理地利用时间与空间，使得每名编辑的时间空间利益最大化，可以通过交互式平台进行编辑人员的素质提升。

第一，建立跨编辑部的编辑素养提升网络平台。该平台的主要特点是突出交互性，以编辑人员为主体，充分发挥交互功能，可以提供定制化服务。其采用即时通信技术，保证无论是在线还是离线，编辑都能正常进行学习。编辑素养提升学习平台具有检索导航系统，不但可以检索资料，而且可以查找编辑同行，经编辑同行同意还可以互加好友，对共同关注的问题展开讨论；可以开视频会议；可以通过进入虚拟教室学习共同感兴趣的课程内容并在线互动交流、积极讨论和答疑解惑；可以设置电子邮件；可以开设在线自测，编辑同行可以竞赛打榜；等等。这些做法能打破编辑部界限，促进各个编辑部之间、编辑与编辑之间的在线交流互动，提高编辑共同学习的兴趣和学习成效。

第二，编辑部应有效利用新媒体，建立微信公众号，通过微信公众号可实现点对点向本编辑部的编辑人员推送消息，如培训计划、培训通知、政策法规和活动通知等实时信息，能够实现消息的精准推送，并能及时查看推送结果，如推送人数、消息查阅人数、报名人数等，实现完整的闭环管理。

2. 社会化网络平台

网络技术的迅速发展、人工智能技术的不断加强，以及对学习社会化的重视，让编辑可以利用社会化网络平台，通过各种新技术建立起属于自己的素养提升网络，具体包括素养提升的资源网络和帮助素养提升的社交网络。社会化网络平台具有社会化的特征，强调分享与创造集体思想和智慧。

编辑素养提升网络平台建设目标及侧重点集中在七个方面：一是贯彻中央文件精神，实施编辑素养教育；二是宣传出版业热点问题，进行学术交流；三是关注编辑个体发展，关注编辑能力提升；四是研究编辑职业发展对策；五是展现典型和优秀编辑代表；六是建设各个编辑部共同发展的桥梁；七是开展业务培训，提供各类网络资源的链接。

编辑素养提升网络平台要精心编排栏目，潜心研发数字化系统课程，具体分为四个栏目。一是编辑素养教育栏目，包括编辑素养提升子栏目（涵盖政治理论、职业道德、科学、人文、心理、意志品质等内容）和核心素养教育子栏目（涵盖观念、科研、实践、技术等内容）。二是编辑职业资格培训栏目，主要围绕编辑职业资格考试设置内容、汇总资料和提供资讯。三是出版法律法规规章制度栏目，包括文件及最新要闻、最新研究论文、提供评论的接口和重要研究文献资料。四是互动分享栏目，包括编辑部联合平台（链接其他编辑部的亮点）、技术传送站（学习的帮助区）、知心编辑之友（编辑心理疏导）、走近业务实践（编辑实务操作）。

以上栏目基本上是并行的结构，不同的栏目可以创建不同的子栏目和模块。

编辑素养提升网络平台数字化课程内容主要包括三个方面：一是出版和编

辑基础知识领域课程；二是编辑实务领域课程；三是学科拓展领域，即学科知识在编辑活动中的延伸、综合、重组、提升与应用。这些方面互为补充，共同构成内容丰富、形式多样的课程体系。

（二）形成机制——编辑素养提升激励机制

目前，对编辑素养的重视程度还不够，很多人认为这是编辑个人的事，同时编辑素养提升的激励方式单一，片面追求物质激励，激励随意性大，没有长效激励制度，公平原则体现不够。因此，在完善物质激励同时，必须加强精神激励。具体可以从以下四个方面改进。

1. 管理者的创新激励

情感的力量是巨大的，用情感打动人，才能更深切。情感是基础，通过对编辑的关心、爱护和帮助，能起到感化、激励的作用。编辑从管理者的情感中领悟到一种期望，从而得到鼓舞，产生自觉修正原有行为的动机和要求，使其心理需要自动调整到管理者所期望的目标上。管理者的创新激励可以从以下四个方面进行。

一是关怀激励。它是管理者通过对编辑的关心而产生的激励效果。管理者要及时关心和了解编辑的具体素养培养和提升情况，了解其面临的具体困难，并帮助其解决难题，就会产生情感上的激励。管理者的关怀会使编辑有受到重视的感觉。

二是认同激励。编辑在工作中取得素质提升成果或成绩，管理者要从语言、精神上给予鼓励，及时表示肯定。例如，编辑部可以通过评选"年度优秀编辑""学习标兵"等让编辑获得认同感。

三是个人魅力的影响。具有魅力的管理者所具备的特质主要有自信、专业知识扎实、视野开阔等。主编的魅力对编辑的影响经常被忽视，而这恰恰是激励编辑的一个很重要的方面。

四是调动编辑的创新力和参与感。学术期刊编辑的知识创新尤为重要。因此，管理者要善于调动编辑的学习积极性，鼓励编辑通过素养提升，更新观念和工作方法，创新思考，用新的理念和技能解决具体编辑工作中遇到的问题。获得参与感是让编辑融入编辑部、发挥工作主动性的重要因素。管理者要让编辑参与编辑部的日常管理，使其产生主人翁意识。编辑部可以通过设立"建议奖"，鼓励编辑为期刊的发展提供可行性建议，并对提供实用建议的编辑进行相应的物质和精神奖励。

2. 目标激励

编辑部可以通过制定合理的编辑素养提升目标，使编辑明确工作方向，持续学习并获得学习满足感，以实现自我价值。制定的目标激励要注意四个方面：一是根据岗位职责和工作任务制定切实可行的目标，而且目标要量化，因为笼统的目标达不到实际效果；二是将编辑的学习绩效情况进行动态反馈和考核，激发编辑的学习热情，同时纠正其学习中存在的问题；三是实行目标责任制，定期召开目标交流会，讨论实现目标的具体途径和方法；四是编辑的个人目标要和编辑部的集体目标相一致，编辑在为期刊目标努力的过程中可以实现个人目标，其学习的积极性和主动性才会更高。

编辑制定的个人目标应该量化，同时要有具体的行动计划，并在具体素养提升过程中适时调整不适合的目标。

3. 文化激励

文化具有无形的激励作用。编辑部要讲文化，营造良好的文化氛围，使编辑在良好的文化氛围中提高编辑技能，提升素养。

首先，加强编辑部文化建设，建立学习型编辑团队。学习型编辑团队的编辑有共同的学习目标、共同的研究任务，强调"激励学习法"，以激励的方式增强编辑部的学习力和研究力，帮助编辑养成持续学习的习惯和能力。学习型编辑团队注重营造团队学习氛围，注重对学习型价值观的引导，注意为团队成员提供不断学习的机会，经常组织团队成员讨论和交流，鼓励团队协作和共同学习，分享各团队学习资源。学习型编辑部能调动编辑的积极性，形成聚合力，进而提高学习效率，有助于挖掘编辑的潜能，最大限度地发挥激励机制的作用，这也是编辑部文化的重要组成部分。

其次，以人为本，换位思考，多为编辑考虑。主编对编辑工作的认可、尊重和信任，是编辑不断进步和提升的动力。要营造良好的编辑部内部用人环境，让能者上、贤者上，要尊重劳动，多劳多得，从而激发编辑持续学习的热情，提高编辑的创新能力。

4. 个性化激励及其他辅助激励

编辑部实施激励的目的是提高编辑人员能力和素养，应充分考虑编辑个体差异，根据编辑的水平和能力的不同实施不同的激励机制，如果简单地"一刀切"，那么达不到良好的效果。可以根据各名编辑的专业背景、学历、负责的栏目等，采取不同的素质提升方法，并给予不同的激励措施。

其他辅助激励计划，如灵活安排工作时间，让编辑在完成工作任务的过程中自己支配时间，激励他们把学习和工作更好地结合起来，不断提高素养能力和工作效率；再如组织开展编辑素养知识竞赛，通过竞赛的形式激励编辑提升素养；等等。

（三）实施教育培训——职前教育、继续教育与专题业务培训

提升编辑素养，既要充分利用线上学习平台，也要加强线下的培训和教育。线下培训和教育具体可以从以下三个方面开展。

1. 规范职前培训

职前培训又称入职培训，是指新编辑在入职之前接受的培训。职前培训可分为以下三个方面。

一是编辑部发展历程介绍，内容包括编辑部沿革、期刊建设目标、期刊荣誉、规章制度、代表人物事迹等。

二是开展编辑政治理论、责任和担当培养教育，以提高编辑的政治理论修养，培养和激发编辑的责任感、集体认同感和荣誉感，使其在以后具体编辑工作中廉洁自律，恪守职业道德和学术伦理。

三是基础业务知识教育。编辑工作不是短期就能上手的工作，需要长期的训练和积累。在上岗前，编辑需要尽快熟悉编辑工作流程、三审三校制度、网络投稿系统操作和数据库数据上传等，掌握基本的编辑业务知识和技能。

此外，职前培训还包括学历教育和开展"专业资格认证"等。持证上岗对于编辑非常重要，编辑在上岗前应该取得相关职业资格证书。

2. 开展继续教育

编辑只有通过继续教育及时获取新知识、新技术、新技能，完善知识结构，提升专业胜任能力，才能应对日益变化的出版行业要求。为此，应通过在职培训、在线学习等方式完善编辑的知识结构；组织编辑参加政府相关部门和行业学会等组织的各级编辑继续教育培训，系统地学习中央最新的文件精神、出版法律法规及出版专业相关最新知识；通过继续教育培训补充、拓展编辑知

识，提高编辑队伍的整体素质和业务水平；在"全国宣传干部网络培训"线上平台进行综合类课程学习，梳理更新编辑的知识。

通过继续教育，能提升编辑的政治素质、专业能力和职业素养，有利于提高其稿件处理能力，最终提高期刊质量。同时，能为编辑发展及期刊年检、质检提供保障。

3. 参加专题业务培训

编辑的专业知识储备量和综合业务水平，对提升期刊内容质量、推动期刊创新发展具有重要意义。专题业务培训要围绕当下的专业热点问题具体分析，指导编辑有针对性地阅读相关学科的文献资料，培养其多学科的知识结构和思维能力。专业知识的广度和深度对编辑工作具有积极作用，学术编辑应注重专业知识的学习与积累，要养成良好的自我学习习惯，秉持"刨根问底"的态度，不断学习吸纳新知识；养成定期查看权威信息网站的习惯，掌握相关学科领域相关政策及最新研究动态；参加相关学科专业会议或论坛，了解专业研究进展，主动与相关专家学者沟通与交流，时常更新审稿专家信息库，精准选择熟悉文章研究方向的专家审稿，提升编辑工作质量与效率。

新媒体技术、网络技术等的迅速发展，对编辑的工作提出了新的挑战和要求，特别是在媒体融合时代，编辑的知识结构更新问题急需重视。编辑面对的论文多涉及交叉学科或者学科融合，对其素养和知识结构要求很高，除了专业知识，还涉及其他方面的知识，没有一定的知识积累，很难准确把握论文。编辑应尽可能加强理论素养，拓宽学术视野，及时补充网络、新媒体等知识，优化知识结构，加快适应时代发展，树立终身学习的理念，逐步构建一种科学合理的素养提升体系。

❀ 第三节　编辑职业核心能力

职业核心能力作为职业能力的重要组成部分之一，又被称为职业关键能力或职业通用能力。职业核心能力是在人们职业生涯中取得成功所必需的基本能力，它可以让人自信和成功地展示自己，并可以根据具体情况进行选择和应用，是伴随人终身的可持续发展能力。从事任何工作都需要职业核心能力，普遍适用性和可转移性是它具有的两个重要特点，并在职业生涯中发挥支配和主导的作用。职业核心能力还具有相通性的特点，不管你的职业是什么，都需要它，换言之，它不特别针对某一具体的职业而言。职业活动多种多样，所需要的能力也各不相同，但在各种职业活动中，有一些职业活动能力是基本的、不可或缺的要素，它们可以引导、激励和促成其他职业能力的形成和发展，具有重要的价值。

专业能力是指具备从事职业活动所需要的专门技能及专业知识。编辑除了具有从事编辑工作的专业能力，还需要各种能力来应对工作中面临的复杂局面、突发情况或人事纠纷等，要积极提高职业核心能力。从学习角度看，对编辑来说，"会学"比"学会"更有价值。具体来说，职业核心能力包括以下三个方面的内容。

一、基础核心能力

基础核心能力包括职业沟通、团队合作和自我管理的能力。在职场中，沟通的重要性不言而喻。积极而有效的沟通不仅能为职场人营造良好的人际关系和工作环境，而且能为个人职业生涯发展带来很多益处。作为编辑，不仅需要与领导、同事沟通，而且要学会做好跨部门沟通协作，与作者及审稿专家建立良好的沟通关系，还要能有效预防、处理和化解冲突。编辑要学会在工作中通过建立彼此的信任与感情、知己知彼和换位思考等有效沟通协作获得双赢。

团队合作是一种为达到既定目标所显现出来的自愿合作和协同努力的精神。面对新的改革形势和新媒体的迅速发展，现在的编辑工作并非单打独斗，而是需要各名编辑协同作战，只有这样，才能提高期刊的整体实力和竞争力。这就要求团队成员紧密合作、默契配合，与他人协商并共同决策；耐心听取各方意见，及时调整自己的目标和任务；能在不断变化的环境中胜任各种角色；经常评估团队的有效性和本人在团队中的优势与不足。

管理他人之前，必须先懂得管理自己。自我管理能力是指受教育者依靠主观能动性，按照社会目标，有意识、有目的地对自己的思想、行为进行转化控制的能力。编辑想要有熟练的编辑技巧，或想把编辑工作做好做精，就必须有健康的身体和心理；同样，做好事情必须要有熟练的技巧与动机，且编辑技巧是建立在自我认知之上的。健康、技巧、认知若不付诸行动，那是对才能的浪费。所以对一个编辑而言，底线是自我负责。

二、拓展核心能力

拓展核心能力包括解决问题能力、信息处理能力和创新能力。编辑的主要职责就是解决编辑活动中遇到的各种各样的问题。只有具备了关键的解决问题能力，编辑才能成为合格的职业编辑。在平时的工作过程中，编辑应该努力地培养这一能力。当问题来临的时候，能灵活地应对和处理问题。处理问题、求得生存与发展，是编辑的根本目的。培养能力也是为了解决问题，编辑的一切行为都要指向解决问题。

信息处理能力包括三个方面。一是培养对信息的敏感度。现代社会网络发达，信息不再贫乏，而是海量无穷，因此，要学会从众多信息中分辨出有用的、真实的信息，这就要求对信息具有敏感度。二是要识别信息的时效性。这就要求提高处理信息的速度，了解信息的时效性，并对信息是否过期、有多高利用率做出评估。三是要学会处理信息。要能够分类简化处理有效信息，以提高工作效率。

创新能力是运用知识和理论，在科学、艺术、技术和各种实践活动领域中不断提供具有经济价值、社会价值、生态价值的新思想、新理论、新方法和新发明的能力。当今社会的竞争，与其说是人才的竞争，不如说是人的创造力的竞争。创新能力的培养要注意以下三个方面。

一是要注意前车之鉴。研究失败的创新实例，从失败中发现问题。任何创新活动都不是无源之水、无本之木。因此，在创新工作中，有效分析和利用前人的成功经验和智慧是不可或缺的，这样才能避免走弯路、错路，才可以减少很多麻烦和损失。失败乃成功之母，失败不可怕，可怕的是不去思考失败的原因，不吸取教训，这样对创新工作毫无益处可言。正确的做法是通过总结前人失败的经验发现诸多问题，进而改变策略、方法和途径，成功地解决创新工作中可能遇到的问题。

二是要融会贯通、取长补短。要把发现的经验和教训运用到自身的创新实践，避免错误，发扬优势。

三是遇到问题不仅要考虑周全，而且要坚持不懈，更要养成独立思考和判断的能力。只有从多方面考虑问题，才能出现解决问题的灵感，才能进行创新。每个人都是有灵感的，生活中一旦产生灵感，就要记录下来。

三、延伸核心能力

延伸核心能力包括领导力、执行力、心理平衡、"五常"管理等。

李开复认为，领导力是一种有关前瞻与规划、沟通与协调、真诚与均衡的艺术。21世纪的领导力不仅仅是领导的方法和技能，也不仅仅适用于领导者，它是每个人都应该具备或实践的一种优雅而精妙的艺术。新时代需要新的领导力，需要用一种更加平等、均衡、富有创造力的心态来认识、理解和实践领导力。这就需要我们具备引导、授权、关系管理、战略制定、执行管理、领导创新和组织变革等能力。

执行力可以理解为有效利用资源，保质保量完成目标的能力。执行力指的是贯彻战略意图，完成预定目标的操作能力。衡量执行力的标准，对编辑个人而言，是按时、按质、按量完成自己的工作任务；对期刊社而言，就是在预定的时间内完成战略目标，其表象在于完成任务的及时性和质量，其核心在于战略的定位与布局。

心理学家认为，心理平衡是健康的基础。心理平衡是指人们用升华、幽默、外化、合理化等手段来调节对某一事物得失的认识。"天有不测风云，人有旦夕祸福"，在日常生活中，难免会遇到大起大落、悲欢离合之事。常言道："没有过不去的火焰山，没有趟不过的通天河。"要学会自我减压和转移视线，协调好工作和生活，努力做到宠辱不惊。

"五常"管理的具体内容为常组织、常整顿、常清洁、常规范、常自律。它的最大特点就是将高深的管理理论变成简单易行的行动，把繁杂的规章制度变成员工的习惯。这种管理模式能很大程度地提高编辑的工作效率和士气，使编辑工作更安全、更舒畅，同时将资源浪费降到最低。

随着当前社会的急剧转型和发展，我国的出版业经历了改革和发展，编辑的工作方式、生活方式、思维观念和价值观都受到了经济、社会和科学技术发展的巨大影响。为了顺利适应编辑这一工作岗位，快速完成角色转换，编辑越来越需要通过教育和岗位培训掌握系统的知识，形成职业核心能力。在 21 世纪，人类社会将逐步成为学习型社会，出版单位将成为学习型组织，编辑个人将成为学习型、研究型编辑。通过强化培训，能有效提高编辑的职业核心能力，更好地指导编辑明确自己的职业核心能力发展目标，大大提高编辑的竞争力和工作效率，为高质量从事编辑工作奠定良好的基础。

❀ 第四节　学习型编辑团队建设

团队代表一种精神与力量，是现代社会组织中特别强调且极力建设的共同体。学习型团队是一个为完成共同目标，共享信息和其他资源，并按照一定的规则和程序，通过充分的沟通和协商开展工作的群体。它通过合适的组织形态将每个人安排至合适的岗位，充分发挥集体的潜能。目前，媒介环境日新月异，传统媒体与新媒体既竞争又合作，加之文化体制改革正在积极推进，使得建设学习型编辑团队以提高编辑素质和编辑部整体实力显得尤为重要。

一、专注与自我超越

建设学习型编辑团队对编辑有严格要求。首先要有专注力，即集中精力、全神贯注、专心致志。编辑工作清苦而单调，需要耐心与细心，只有全身心地把自己的时间、精力和智慧投入编辑活动中，才能最大限度地发挥个人的积极性、主动性和创造性，实现自己设定的目标。其次，专注编辑事业不等于墨守成规、按部就班，而是需要不断地实现自我超越与升华。超越是一种蜕变的艰苦过程，需要大胆尝试、努力适应自己以前不敢尝试的事，要设定切合实际的目标，以磨炼个人才能为基础，以提升自身素养和精神境界为方向。自我超越的意义是在自己的工作生活中充分发挥创造力，并以此为基础主动自觉地将个人融入整个团队。编辑的自我超越是自我学习的过程，主要是学习如何在工作中不断挖掘与发挥创造力，这是团队学习的基础。

二、打破固有心智模式

心智模式，就是人们内心深处看待问题的心理图式或心理模式，对客观外界反映到人脑中的种种现象起着整理加工的作用。它不仅对人的认知视角、信息获取及创造力影响显著，而且影响人的行动力。目前，编辑在心智模式层面主要存在观念落后、角色僵化，工作模式固化、缺乏创新，各自为政、缺乏团队合作等问题。

要建设学习型编辑团队，就需要打破编辑这些固有的心智模式，积极优化心智模式，使其正确反映客观事实。在学习型编辑团队中，编辑要对团队共同面对的问题有清醒的认识，并自觉调整自己的行为，以适应团队目标、计划和任务，契合团队成员的共同需求，促进团队发展进步。改善心智模式的最终目标是促进学习型编辑团队形成正确客观地反映真实世界的、自检与互检有机结合的共享心智模式。

三、建立共同理想与目标

建设学习型编辑团队，要使团队成员与团队拥有共同的理想与目标。共同理想具有高屋建瓴性，是一种美好愿景和长远目标，是团队成员共同追求、全身心奉献与真心拥护的愿望图景，能产生具有凝聚力和驱动力的美好愿景，能为团队学习提供焦点和能量。只有在共同理想的映照下，团队成员树立理想信念，深切地关注事业，才会产生创造性学习，反之可能仅仅是适应性学习。

有人说，"没有行动的远见只能是一种梦想，没有远见的行动只能是一种苦役，远见和行动才是成功团队的希望"，可见，除共同理想，团队还需要有具体、切实可行、令人信服的目标。共同目标是一个有意识地选择并能表达出来的方向，它运用团队成员的才能和能力，促进组织的发展，使团队成员有一种成就感。共同目标具有团队运行中决策的参照物属性，是团队生存发展的因由和判断团队进步与否的标准。

四、团队学习与协作

团队学习与协作是建立学习型编辑团队的重中之重。彼得·圣吉（Peter Senge）曾说，未能整体搭配的团队，其成员个人的力量会被抵消浪费掉。如果团队中成员各说各话、各自为政、单枪匹马行动，就不能形成合力，其努力就无法有效转化为团队力量。只有团队有机协作，形成强大合力，才能朝着共同的目标和方向前进，产生高效与高质量的精神产品，使个人力量的抵消或浪费减至最少。

值得注意的是，团队学习与协作并不是只顾整体、忽视个人，而是要求团队维护个人正当合理的利益不受损害，将共同理想与目标变成个人理想与目标的延伸。实际上，良好的、高效的团队学习与协作会使个人能量得到有效激发，促进团队成员共同发展。在团队中，如果仅是成员个人素质与能力不断提升，而不能在不同的位置上各尽所能，不会与其他成员协调合作，就会使团队组织混乱无序，缺乏共同理想与目标，难以形成实现目标的共同力量。只有充分发挥团队精神，团队成员互帮互助、资源共享、优势互补、共同学习、高效沟通，才能实现团队工作效率最优化。

特别强调的是，团队学习与协作的本质是共同奉献。这种共同奉献需要建立在切实可行的目标基础上。有了共同信服的目标，就能激发团队成员的工作热情和奉献精神，促使其全身心投入工作。

五、宏观视野与系统思考

宏观视野要求凡事从长远考虑，要具有大局意识，要用发展的眼光、以得与失的辩证关系看待问题；要高瞻远瞩，把握好团队和团队成员的利益关系，分清主要矛盾和次要矛盾，不因小失大，对待问题能做出快速反应和正确决策，使团队利益最大化。

　　系统思考是一种分析综合系统内外反馈信息、非线性特征和时滞影响的整体动态思考方法。它可以帮助组织以整体的、动态的而不是局部的、静止的观点看问题，为建立学习型编辑团队提供了指导思想、原则和技巧。

　　在学习型编辑团队建设中，具有宏观视野和系统思考的人一般都是团队的灵魂人物，能够决定团队未来。对每名团队成员来说，都需要培养宏观视野与系统思考能力，要对工作有整体规划和设想，积极发挥创新意识，勇于破除陈旧观念和落后工作模式，乐于接受新事物和挑战，孜孜不倦地研究行业最新动态和发展趋势。

　　建设学习型编辑团队的五个方面构成了一个完整的体系，它们彼此关联、相辅相成。其中，学习型编辑团队的基石是编辑的专注与自我超越。团队学习与协作的许多具体工作最后都依靠团队成员个人的努力，如打破固有心智模式、建立共同理想与目标等。团队学习与协作的确是整个学习型编辑团队建设的重中之重。它是一种团队内部的学习，在规模与内容上都与个体学习存在差异。团队学习既包含团队的活动内容，又承担检视成员心智模式、建立共同理想与目标的载体和手段的功能。从时间轴上看，检视心智模式是针对已形成的观念、思维与问题的追忆，是团队从记忆中学习的体现；建立共同理想与目标是对未来发展图景的长期规划，能促进团队发展进步。学习型编辑团队的灵魂是宏观视野与系统思考，它提供高瞻远瞩的眼界和完善创新的思维方式，其他四个方面都因宏观视野与系统思考的存在而连成一个有机整体，共同为建设学习型编辑团队凝聚力量。

✿ 第五节　编辑实务个案

一、《辽宁儿童文学作家群的审美追求》标题策划提炼

　　标题是期刊的重要组成部分，是论文重要的信息点。期刊标题的功能是随着社会的发展、进步、变化而发展、进步、变化的。社会文化的繁荣、媒体的

多样性，使期刊标题越来越有自己的特色，功能也越来越多。一篇文章的标题精妙，常常可起到画龙点睛的作用；反之，如果标题拟定得很差，往往会损失整篇文章的信息价值。标题出现问题，对文章乃至整个刊物的质量都会造成不良的影响。标题是最能吸引读者，并能给读者最简明的主题提示。读者在决定是否要读一篇论文的时候，往往都是先看标题，由此可见其重要性。

《沈阳农业大学学报（社会科学版）》"语言文学"栏目刊发文章、策划提炼标题时，始终坚持以马克思列宁主义、毛泽东思想、邓小平理论、"三个代表"重要思想、科学发展观、习近平新时代中国特色社会主义思想为指导，牢牢把握社会主义先进文化的前进方向；坚持立足辽宁，关注辽宁文学的发展及相关研究，力求促进辽宁文化的繁荣与发展；坚持刊发具有重要理论意义和应用价值，体现人文社会学科发展的前沿水平和理论创新的优秀学术成果，长期致力于语言文学的学术交流和文化传播，致力于创建、传承和弘扬社会科学的人文品位，已经在辽宁及全国其他本科院校尤其是在农业院校中产生了良好的学术影响。

《辽宁儿童文学作家群的审美追求》是 2009 年《沈阳农业大学学报（社会科学版）》第六期的"语言文学"栏目中发表的文章，作者是辽宁社会科学院文学研究所的冯静。该文主要提出辽宁儿童文学作家群在创作上始终追求真善美这一人类永恒的母题，抒写歌颂一切美好的事物，包括浓郁的亲情、真挚的友情、童真童趣、纯净的大自然等。该文用精美的语言、深刻的构思、奇特的幻想展现着生活的美好和纯真，带领读者走进作家营造的诗意天地。作者不是以布道者的姿态出现，文章中也没有承载太多的教育意义，而是自然而然地体现出蔡元培先生所提倡的"美育"的作用，让儿童潜移默化地学会辨别善恶、美丑。更重要的是，他们的作品无论是写实的，还是幻想类的，都有诗性的意象充斥其中，都能在作品的整体氛围中寻找到作家审美实践的经验积累。该文初稿标题为《用审美意象之光照进辽宁儿童文学作家群》，比较抽象，不够精练，纵观文章论述的主要内容，标题中的审美意象只是全文论述的一个方面，并未能明确概括全文研究的范围。在和作者多次讨论后，认为用"审美追求"可以很好地概括整篇文章的主旨，涵盖文章研究的三方面内容：关注儿童的现实生活、营造自然的审美意象及独特的语言风格。故文章标题最终确定为《辽宁儿童文学作家群的审美追求》。可见，修改后的标题更加契合文章所阐述的主要内容，高度概括了文章的研究范畴。

文章的价值要通过读者的阅读活动才能体现出来。该文发表后，在读者中引起了很好的反响，在《沈阳农业大学学报（社会科学版）》网站摘要阅读点击排行中，排在 2009 年发表的语言文学类论文（共计 34 篇）的第 5 位；在全文下载排行中，排在《沈阳农业大学学报（社会科学版）》从 1999 年创刊到 2010 年所有文章的第 66 位，排在 2009 年发表的语言文学类文章的第 7 位。可见，该文的研究引起了相关研究者和读者的关注，取得了很好的传播效果。

推荐使用《辽宁儿童文学作家群的审美追求》这一标题的理由可概括为以下三个方面。

第一，以精品意识传承地域文化，坚持文学的开放性视野，这是辽宁文学发展的基本态势。辽宁与北京、上海并列，被誉为全国儿童文学的"三大重镇"。改革开放以来，辽宁儿童文学获得了跨越式发展，成绩斐然。这不仅体现在创作数量创历史新高，而且体现在获奖种类与数量盛况空前。此外，它所表现出的新的艺术本质，成为文学史上跨时代的标志。而关于辽宁儿童文学的研究却比较少，此文发表时，在中国知网查询时，仅有一篇关于辽宁儿童文学的研究论文。该文的发表无疑充实了对辽宁文学这一地域文学特别是辽宁儿童文学的研究。

第二，《辽宁儿童文学作家群的审美追求》这一标题抓住了论述内容的本质，展示了文章的精华部分，提炼出让人一目了然的观点，表达了一个完整的意思，用一个清楚的视觉符号提示人们所要读的文章，给读者一个清晰的信息印记。这既提携了全文，又凝聚了文章要义。

第三，《辽宁儿童文学作家群的审美追求》这一标题体现了审美上的意趣，勾画出文章的灵魂，能引起读者对文章的兴趣，激发读者的内心冲动和阅读愿望。

二、《新时代中国农民道德人格塑造——以孟子之"诚"为合理内核的思考》选题策划

新时代呼唤优秀的作品来书写时代风貌和社会发展。习近平总书记在文艺工作座谈会上的讲话中指出："每个时代都有每个时代的精神"，"文艺是铸造

灵魂的工程，文艺工作者是灵魂的工程师。好的文艺作品就应该像沙滩上的阳光、春季里的清风一样，能够启迪思想、温润心灵、陶冶人生，能够扫除颓废萎靡之风。"这对学术作品同样适用。一部优秀的学术作品若想触动读者的心，一定饱含作者深刻独特的思考，也一定反映当前舆论的热点及社会、民生和行业的现实需求。让更多无愧于时代的优秀作品得以发表传播，启发思考，服务社会，是每一名编辑孜孜以求的目标，也是责无旁贷的担当。

（一）策划背景

党的十九大报告中提出"实施乡村振兴战略"，并提出了"产业兴旺、生态宜居、乡风文明、治理有效、生活富裕"的总体要求。这是决胜全面建成小康社会、全面建设社会主义现代化国家的重大历史任务，是新时代做好"三农"工作的总抓手。

乡村振兴是人的振兴，是农民精神面貌的振兴。乡村振兴既要"富口袋"，也要"富脑袋"。要"富脑袋"，首先要加强农村思想道德建设，传承发展提升农村优秀传统文化，培育文明乡风、良好家风、淳朴民风，提升农民精神风貌，提高乡村社会文明程度，焕发乡村文明新气象。2018 年的中央一号文件《中共中央 国务院关于实施乡村振兴战略的意见》中提出，"加强农村思想道德建设""深入实施公民道德建设工程，挖掘农村传统道德教育资源，推进社会公德、职业道德、家庭美德、个人品德建设"。而塑造农民道德人格是加强农村思想道德建设的应有之义。新时代，塑造农民道德人格对于推动农民道德发展及乡村振兴战略的实施具有重要意义。要塑造农民道德人格，必须坚持社会主义核心价值观，深入挖掘中华优秀传统文化的价值。而中华优秀传统文化中的以德性为本的孟子之"诚"思想，能为解决当前农民道德发展困境，塑造农民主体性道德人格提供新的价值与资源，无疑能够更好地为农民道德发展提供精神指引。以上就是《新时代中国农民道德人格塑造——以孟子之"诚"为合理内核的思考》的策划背景。

（二）选文特点

《新时代中国农民道德人格塑造——以孟子之"诚"为合理内核的思考》具体有以下特点。

1. 紧扣时代，主题明确

乡村振兴战略背景下新时代中国农民道德人格塑造这一主题紧扣国家大政方针，与国家的政策走向同向而行。文章在专业性、时效性和贴近性等方面表现突出，坚持需求导向、问题导向，聚焦"三农"热点问题，贴近农民思想现实状况，主题突出、思路清晰、角度新颖，在学术传播力上取到了较好的效果，凸显出很强的现实意义。

2. 问题针对性强，措施具体可行

在乡村振兴战略实施过程中，清醒地认识到振兴乡村要先从思想道德建设入手，新时代塑造中国农民道德人格是实现农民主体性的必要条件和新时代社会发展需要的必要性，提出当前农民道德人格建设中存在的主要问题有物化人格的抬头、功利人格的显现和集体观念的淡化等，切中问题要害，针砭时弊。在发现问题后，提出从中华优秀传统文化中发掘新内容，为农民道德人格塑造助力。新时代，要坚持和弘扬社会主义核心价值观，积极挖掘孟子之"诚"的合理内核，创造性转化与创新性发展其中的优秀思想，并赋予其时代价值。指出要加强对农民的道德教育，提升其精神境界；引导农民树立正确的义利观；传承诚信精神；构建和谐的群己关系；塑造农民主体性道德人格；等等。这些措施思路新颖、立足现实、切合实际。

（三）策划思路

对于传统出版编辑而言，提升专业素养、选题策划能力和编校水平，是赢得作者青睐和开发优秀选题的基础与核心。同时，编辑和作者的强强联合，更是打磨优秀作品的前提和基石。《新时代中国农民道德人格塑造——以孟子之"诚"为合理内核的思考》的具体策划过程如下。

1. 精准策划选题

《沈阳农业大学学报（社会科学版）》编辑部对历年中央一号文件都要认真研读，突出农业大学特色，关注"三农"问题，有针对性地认真策划选题、组稿。编辑认识到，在乡村振兴战略实施过程中，乡风文明很重要。要实现乡风文明建设的目标，重要的是加强农民的思想道德建设，只有农民的思想道德修养提高了，才能真正实现乡风文明建设的目标。社会主义市场经济促使农村进行深刻变革和转型，对农村道德文明风尚提出了新挑战，农民的传统价值观念同新时期的价值理念相互碰撞，其传统道德受到猛烈的冲击，崭新的道德体系又尚未建立，农民的思想道德出现了各种差异和问题。针对这一迫切情况，需要选择相关内容的文章来关注农民思想道德建设，将国家倡导继承与弘扬的中华优秀传统文化融入农民道德人格塑造，针对当前农民道德人格存在的主要问题，提出切实可行的措施。

编辑确定选题后，积极进行组稿。该文作者李卫朝和赵梦梦长期从事农民启蒙、农民道德建设和乡村治理方面的研究，成果颇丰。该文也是国家社会科学基金青年项目的研究成果。

2. 精细策划标题

标题策划是一个十分重要而又复杂的过程。《新时代中国农民道德人格塑造——以孟子之"诚"为合理内核的思考》最开始提交的题目为《新时代中国农民道德人格塑造初探——以孟子之"诚"为中心的考察》，标题虽然突出了论述的主题观点，但"中心"一词涵盖范围过大，中华优秀传统文化博大精深、包罗万象，所借鉴的孟子之"诚"思想只是其中之一，而且需要批判地继承，即吸收其合理的内容，从而实现孟子之"诚"思想由传统伦理规范到现代诚信精神的转换，故改为合理内核更为贴切。"初探"和"考察"两词用在此处欠妥当。"初探"指初步探索，而文章是翔实的论述、深入的研究，故而建议作者删除此词。"考察"一般指实地观察调查，而文章中并没有相关内容，故改为"思考"一词更为恰当。

3. 精巧架设结构

结构被称为作品的骨架。深刻的内容要通过恰当的结构组织起来，好的结构应当合理、清晰，富有条理。《新时代中国农民道德人格塑造——以孟子之"诚"为合理内核的思考》的结构最开始由五个部分构成：一、新时代农民道德人格塑造的必要性；二、当前中国农民道德人格出现的主要问题；三、孟子之"诚"的道德意蕴；四、挖掘孟子之"诚"的价值，塑造农民主体性道德人格；五、结语。其中，第三部分"孟子之'诚'的道德意蕴"作为单独一个部分，和其他部分不在同一逻辑层次上，而第四部分的标题"挖掘孟子之'诚'的价值，塑造农民主体性道德人格"其实已经涵盖了孟子之"诚"思想的内容，故建议作者将第三部分和第四部分合并，改为"孟子之'诚'的道德意蕴对中国农民道德人格塑造"，这样修改后，文章结构更加紧凑，各部分在逻辑上更顺畅合理。

总之，作品的选题策划不是简单的编辑事务，靠的不是"灵光一闪"，而是一个精细、缜密的过程，要通过严密的分析和创新的思维，对作品所拥有的价值进行挖掘、整合、配置，从而找到一种高效率实现目标的途径。

三、《论我国危害食品与药品安全犯罪的刑事政策》选题策划

习近平总书记在新闻舆论工作座谈会上指出，在新的时代条件下，党的新闻舆论工作的职责和使命是高举旗帜、引领导向，围绕中心、服务大局，团结人民、鼓舞士气，成风化人、凝心聚力，澄清谬误、明辨是非，联接中外、沟通世界。各媒体认真学习习近平总书记的重要讲话，结合各自的工作实际，深入贯彻落实重要讲话精神，体现重要讲话精神的报道如雨后春笋，层出不穷。在具体的选题策划中，贯彻重要讲话精神显得尤为重要，因为选题策划是办刊宗旨、方针的具体落实，是刊物总体构思、特色、风格的具体体现。这对编辑提出了更高的要求，因为要成功地进行选题策划，编辑人员就必须具备较强的政策观念，具有崇高的职业道德和强烈的事业心。该选题紧密结合社会现实，针对群众关心的社会热点问题——食品与药品安全问题，总结提炼食品与药品安全犯罪的状况及特点，分析食品与药品安全犯罪的刑事政策，并提出建设性意见，为问题的尽快解决建言献策。

（一）选题背景——食品与药品安全监管大背景

在 2015 年 5 月 29 日的中央政治局集体学习中，习近平总书记强调要切实加强食品与药品安全监管，用最严谨的标准、最严格的监管、最严厉的处罚、最严肃的问责，加快建立科学完善的食品与药品安全治理体系，严把从农田到餐桌、从实验室到医院的每一道防线。

民以食为天，食以安为先。经济发展和社会进步对食品与药品安全提出了更高的要求，人民群众也有着更高的期待，食品与药品安全工作的重要性更加凸显，但仍有很多危害食品与药品安全的事件出现，造成恶劣影响。这些恶性

事件都表明，解决食品与药品安全问题十分迫切，刻不容缓。食品与药品安全对人类的生存发展、国家社会的稳定和大众的生命健康具有重要而深远的意义。作为媒体，要报道真相，维护正义，明辨是非，帮助群众树立信心，更要通过媒体的声音，帮助有关部门尽快完善立法，建立相关机制，以解决相关问题。刑法作为惩罚违法犯罪的最后一道防线，如何使其在食品与药品安全问题上提供有力保护，值得深思。基于这一角度策划选题并展开深入探讨，具有一定的研究价值与意义。

（二）策划过程——结合案例与刑法的刑事政策分析

策划这类选题对作者要求较高。该文作者一直从事刑法和法律实务研究，并承担国家社会科学基金相关课题，在理论和实践方面都深有体会，故在策划此选题时，选择此作者。

为提出建设性意见，文章首先梳理了大量食品与药品安全犯罪的事件，从中发现共同特点：一是我国食品与药品安全犯罪事件发案率高，对社会造成的危害范围广，对人民群众造成的危害大，对我国的经济发展产生负面影响；二是我国食品与药品安全犯罪的主体及方式呈现多样化，食品与药品安全犯罪的主体，从生产者、销售者到在食品与药品生产、销售、监管环节的原料和设备采购人员、招投标人员、监管人员，都可能由于食品与药品安全犯罪事件而承担相应的刑事责任；三是在对食品与药品进行质量监管过程中，一些监管人员职务履行不当，受金钱的诱惑而做出渎职型的违法犯罪行为。食品与药品监管过程中的职务犯罪除具有一般职务犯罪的特点（即犯罪手段隐蔽性强、具有欺骗性且反侦查能力较强）外，还具有涉案范围广、窝案串案多的特点。其次，对《中华人民共和国刑法修正案》涉及食品与药品安全犯罪的条款进行逐条分析，并提出相关的完善建议，如加强食品与药品安全犯罪的风险控制，构建民生法益保护的框架；增强刑法相关法条之间的协调关系，落实民生保护的法律理念；完善资格刑，强调监管部门的刑事责任；等等。最终形成思路清晰、逻辑严密、内容丰富的一篇学术论文。

（三）编采感受反思——肩负使命与及时推送的责任意识

学术期刊应充分发挥自身优势，承担起对社会热点事件的科学深度解读功能，填补大众媒体报道新闻事件后的科学深度信息的空缺。该文章针对备受社会关注的食品与药品安全热点问题，分析了食品与药品安全犯罪的形势政策，深层次解读食品与药品安全热点问题，为食品与药品安全事件正本溯源，以期尽快主导舆论理性走向。形成策划食品与药品安全热点文章的思路、方案和实施情况，即以关注社会热点、深入解读为思路；采用分角度论述，以解决问题为宗旨的论述方式；选择行业精英组成作者队伍；发挥学术期刊的社会职责，定位于既为行业精英服务，也为普通大众服务；为缩短出版时滞，防止热点信息失效，采用数字出版技术快速推送稿件，通过知网优先发表文章，并在《沈阳农业大学学报（社会科学版）》网站及时上传该文章，保证了时效性，并通过网站及时追踪浏览量、下载量及电子邮箱、QQ 和微信群组接收读者反馈信息。

四、《文学欣赏与大学生人文素质培养》选题策划

"脚下沾有多少泥土，心中就有多少真情，笔下才会有多少精品。"优秀作品含有特定的时代精神和特有的文化精神，更多趋向于价值和情感的探寻。创作者在作品中总是会流露出属于自己的判断、思考和追求，探求个性、人生、历史和现实的意义与价值，所以时代精神和文化精神是作品的一种必然属性。当社会发展到某一特定的阶段，社会文化呈现出某一特定的历史风貌时，在文化现实的召唤下，就会爆发出强大的创作意愿，捕捉历史脚步的回响，共鸣民生的呼唤，创作出贴近实际、贴近生活、贴近群众的高价值的作品。

党的十八届三中全会提出"完善中华优秀传统文化教育"的命题。教育部专门制定的《完善中华优秀传统文化教育指导纲要》中指出，加强中华优秀传统文化教育，是深化中国特色社会主义教育和中国梦宣传教育的重要组成部分，是构建中华优秀传统文化传承体系，推动文化传承创新的重要途径，是培育和践行社会主义核心价值观，落实立德树人根本任务的重要基础；大学阶

段，以提高学生对中华优秀传统文化的自主学习和探究能力为重点，培养学生的文化创新意识，增强学生传承弘扬中华优秀传统文化的责任感和使命感。传统文化教育是人文素质教育的重要内容，高校作为文化传播的重要阵地，肩负着传承与培养传统文化继承人、提升大学生人文素质的重要使命。长期以来，一些高校特别是理工农医类的高校忽视人文素质教育，在传统文化教育中重知识认知，轻精神内涵；重经典诵读，轻认同体验和实践；重课堂讲授，轻能力训练。这在一定程度上降低了高校人文素质教育的质量和效果。

目前，部分高校对人文素质教育在认识上有两种倾向：一是功利化，认为人文素质教育课程挤占了专业教育资源；二是缺乏系统认识，认为人文素质教育只是人文学科教师的职责。由此导致人文素质教育处于边缘化状态。这确实是目前高校人文素质教育中存在的亟须解决的问题。文学欣赏作为高校的公共基础课，是弘扬中华优秀传统文化、提高大学生人文素质的有效途径，而人文素质教育又是全面实施素质教育的有效载体。

《文学欣赏与大学生人文素质培养》选题策划中，编辑首先确定要围绕高校人才培养目标，以现代高等教育理论为指导，坚持课堂教学与课外活动相结合，通过各种教育形式培养学生的人文精神，促进学生在政治思想、道德修养、文化修养、身心健康等方面的全面发展和综合提高，通过到教学一线走访，并和从事人文素质教育的教师交流，了解到高校特别是理工类高校加强人文素质教育的必要性和重要性，充分认识到发表有关人文素质教育方面研究文章的重要现实意义，并且认为由人文素质教育一线的作者撰写，作品能够更具针对性、时效性和可行性。该文章作者是长期工作在人文素质教育一线经验丰富的教育工作者，对人文素质教育的实际状况有着深刻的体会和感悟，能够针对具体现实问题提出切实可行的有效方法。而实际效果也确实如此。

文学欣赏作为一门公共基础课，是加强大学生人文素质教育、深化高等教育改革的重要举措。文学欣赏在大学生传统文化教育和人文素质培养中具有提升审美能力、培养创新思维能力、提高综合素质和丰富校园文化内涵的作用。因此，要通过创新人才培养模式、改革文学欣赏课程教学、充分发挥其潜在育人功能，来增强文学欣赏提升大学生传统文化修养和人文素质的效果。

策划该作品，主要基于以下三个方面的理由。

第一，作品内容立足现实、贴近实际，具有实效性。一些大学生认为人文学科"无用"，这是一种短视。当功利主义进入校园，大学生对文化的接受易产生困惑而迷失方向。例如，据调查，一些大学生考研的目的就是将来找一份好工作，而不是真正热爱自己的专业。

人文素质是人在社会化过程（即自我完善的过程）中起支配作用的核心素质，是大学生在社会生活和工作中颇具竞争优势的素质。人文素质是一种基础性素质，它对于其他素质的形成与发展具有很大的影响力。"未学做事，先学做人。"人文素质的培育对于大学生形成健全人格、改善思维方式、冲破狭隘的功利主义思想意义重大。当良好的人文素质内化为大学生品性中的一部分时，无论他处于怎样的境遇，都能协调好自己的知、情、意、行，较好地适应外部环境，保持乐观、向上的精神状态。思想境界、品德情操、认识能力和文化教养是人的全面发展的重要标志。人文素质不是天生的，是优秀文化和人文知识积累与内化的结果。在高校的课程设置上，都应该有人文素质教育理念的渗透。只有根深，才能叶茂。增强人文素质是知识经济时代人自身发展的要求和适应当今社会人才竞争的需要。无论是高校还是大学生自身，都应注重并切实加强人文素质教育。

作品从实践中来。作品作为认识的一种形式和成果，其来源只能是实践，这是马克思主义认识论的基本观点。该作品立足现实问题，分析人文素质教育的实际困境，阐明了高校在新形势下加强大学生人文素质教育的重要意义，并提出切合实际的提高大学生人文素质教育水平的有效方法。虽然目前已经有一些探讨人文素质教育的文章，但这种将文学赏析与人文素质教育结合分析的文章颇有新意和现实意义。

第二，作品标题精练、提领全文，具有针对性。《文学欣赏与大学生人文素质培养》的标题突出了作品的主要内容，提炼出鲜明的观点，完整精确，并作为视觉符号给读者留下了深刻的信息印痕。这既提携了全文，又凝聚了全文要义。

第三，作品吸引读者、传播效果好，具有服务性。学术期刊的读者群大多为教育工作者、研究人员和学生等，从该文章发表后的反馈意见（下载量和摘要阅读点击率）可以看出，该文章有着很好的传播效果，其研究具有较高的学术价值和现实指导性，在一定程度上满足了读者对解决此类问题的需求，很好地解答了教学一线教育工作者的困惑，并为解决此类问题提供了可资借鉴的方法，较好地发挥了作品服务读者的功能。

五、《从概念整合理论角度看东北方言"整"的语义阐释》选题策划

东北是一本厚重的书，浓缩了中华人民共和国半个多世纪工业发展的沧桑巨变和风云历程。生长于东北黑土地的东北文化历史悠久、源远流长。语言与文化的关系是密不可分的。英国语言学家帕默尔说："语言忠实反映了一个民族的全部历史、文化，忠实反映了它的各种游戏和娱乐，各种信仰和偏见。"东北方言是东北文化的重要组成部分，是由历史的熔铸和自然的陶冶而形成的独特的文化现象。更进一步地说，东北方言作为一种语言根基，其自身不仅是一种文化，而且是一种情结、一种社会需要，具有独特的使用价值和文化价值。因此，在推动社会主义文化大发展大繁荣背景下，对东北方言的各个层面展开研究具有重要的现实意义。

（一）选题立足东北文化

著名学者钱玄同曾说："方言的本身，是一种独立的语言；方言文学的本身，是一种独立的文学，它们自己发达，它们永远存在。"东北方言是由东北人创造、传承，反映东北人文精神和民俗心理，被大多数东北人认同的，具有东北特质的文化成果。作为北方方言的一种，东北方言简洁、生动、形象，富于节奏感，与东北人豪放、直率、幽默的性格相吻合。语言不仅是交际的工具和符号，而且在语言中，代码和信息互相依存。文化只能存在于语言中，任何文化的特性只能在自己的语言中展示出来，方言本身就是最直观的地域文化信息，是语态化、符号化的地域文化存在。要研究一种文化，就要从语言特性出发。目前针对东北方言的研究比较少，该作品从东北方言语义入手，对东北方言进行深入探索，以期找出语言发展的规律性，促进东北文化发展。

首先，东北方言涉及很多特殊句式和地方语、外来语、民族语等。弘扬东

北方言，有利于形成振兴东北老工业基地的传播工具。其次，东北方言不仅自成体系，而且和腹地文化、周边地域文化、东北民俗文化、东北民族文化等紧密相连。最后，东北方言有着丰富的底蕴，研究东北方言可以有效把握东北老工业基地的历史机遇，对振兴东北老工业基地具有重要的时代意义。其语言构建的可行性、文化传播的广泛性、语言应用的艺术性，对语言的现实体系乃至未来发展有着深刻的意义。

同时，东北文化是具有地域特色的一种文化类型。东北方言是地域文化不可分割的一部分，是东北文化的载体，它记录着东北风俗的千姿百态，折射着乡俗民情的绚烂多彩，也映射着东北地域的文化心态。

《沈阳农业大学学报（社会科学版）》"哲法文史"栏目牢牢把握社会主义先进文化的前进方向，坚持立足辽宁，关注东北文化的发展及相关研究，力求促进东北文化的繁荣与发展。可见，该选题非常契合栏目的宗旨。

（二）内容策划细致创新

《从概念整合理论角度看东北方言"整"的语义阐释》从细处入手，探讨东北方言中的"整"字——这一老百姓最常用的方言。在东北方言中，"整"字的意义有很多，以至于有些方言如"整容"已被推广为普通话。语言学界至今对东北方言"整"的研究仍限于方言本身构词法、句法等领域，缺少从认知语言学角度的研究，没有指出东北方言"整"语义扩展的内在规律；而只有了解其内在规律，才能更深刻地了解东北方言和东北文化，促进区域间的交流和理解。

该作品除了分析东北方言"整"的语义扩展，更提出了东北方言"整"的语义在不同的语境中可以整合这一新观点，并用认知语言学的概念整合理论来探讨东北方言"整"的语义发展过程，并对其扩展规则做出合理的解释。这也是其创新之处。根据东北方言口语调查，以及以东北生活为题材的电视剧和电视小品中反映出的东北方言，"整"共有 30 多种语义。该作品从静态、状态和动态三个范畴对"整"的语义进行了划分，并对其相关的义项进行阐述，以此证明它们并不是完全孤立的。以前，人们给东北方言"整"戴上了"万能动词"的帽子。从表面上看，"整"的语义杂乱无章、毫无关联，事实则不然。人类认知过程具有普遍性，在一种语言里，具有基本意义的词的语义转移模式也必然是有规律可循的，这种普遍的认知规律可以从概念整合空间理论方面得到更好的解读。该作品通过对东北方言"整"的分析，将其基本义和扩展义有机地联系起来，并揭示了隐藏在方言背后的认知模式和认知规律。概念整合理论对研究方言有很大的启示作用，应进一步用此理论来研究方言的发展。当然，用新的理论研究东北方言的最终目的，是充分利用好东北方言自身独特的优势，结合东北独特的文化，并进行适当包装与整合，使东北文化得以发扬的同时，推动地方经济的发展，从而实现双赢。

（三）传播效果意义积极

东北方言已突破地域限制，逐步走向全国，传播范围很广，影响也很大，甚至很多其他方言区的人也有意识地学习东北方言，甚至把学说东北方言当成一种"时尚"。这种"东北方言热"既是媒体宣传、演员演绎和群众喜爱的结果，也说明东北方言有很强的感染力。该作品正是研究了大热的"整"字，引起了相关研究者的关注和读者的阅读兴趣，反响良好。

东北方言作品体现着浓厚的东北文化底蕴，通过方言表现人物形象，给人以全新的感觉：东北人感到熟悉亲切，其他方言区的人感到新鲜有趣，并且也能听得懂。研究东北方言，能为民族语言在新的历史条件下融合、创新提供新的机遇，同时彰显了地域特色，促进了文化交流，并进一步激发了作者的创作热情。

新时代，创作者要锲而不舍地走现实主义的创作道路，与时俱进，密切关注现实，深刻反映生活，继承和弘扬优秀的地域文化，恰当融入东北特有的幽默、诙谐、风趣元素，创作出更精良的作品，从而取得社会效益和经济效益的双重回报。

今后，东北方言和文化将以独有的魅力创新发展，继续为丰富中华民族的语言、文化添砖加瓦，为弘扬民族文化做出应有的贡献。

六、《大连城市国际化语言环境建设思考》选题策划

一篇社会科学论文是否有价值，要看它是否传播先进的文化，是否有利于经济发展和社会进步等。当前城市管理和环境治理被政府放在突出的位置。城市发展建设需要两个环境：软环境和硬环境。政府在重视硬环境建设的同时，更要注重软环境的建设。改善软环境是提高城市竞争力、推进城市国际化发展的战略需要。国际化语言环境是世界城市软实力的重要表现。良好的国际语言环境有助于人们的沟通和交流，能为人们提供种种便捷。语言环境建设作为城市软环境建设的重要内容，是研究的热点，具有现实的、重要的研究价值。

（一）选题依据

国际化语言环境在一定程度上反映了一座城市的国际化程度和民族包容性。一座城市能否在快速发展中准确地向世界表达自己，同时及时吸收来自其他国际区域的信息和技术，在很大程度上取决于这座城市的国际语言交流和包容能力。

大连市是辽宁省乃至我国东部沿海重要的经济、贸易、港口、工业和旅游城市。如果市民整体外语水平较高，有大批高素质的外语专业人才服务经济社会交往，城市公共标识外语介绍规范准确，国际教育环境良好，那么有助于吸引更多的外来投资者来大连。我国部分城市已经积极开展城市国际语言环境建设，如北京以举办奥运会为契机，在全国率先制定出台《首都国际语言环境建设工作规划（2011—2015）》；上海借助举办世博会，认真研究语言环境建设问题，并专门召开"世博会语言环境建设"国际论坛；深圳在推进国际化城市建设行动计划中，专门列出行动计划，就加强国际语言环境建设做出部署；大连市开展城市软环境建设年活动；等等。

面对各个城市开展国际语言环境建设的热情和进展，对其建设经验、成效、实际运行中存在问题或不足及优化策略等进行梳理和归纳建议的研究论文却不多。《大连城市国际化语言环境建设思考》充分认识到软环境建设特别是国际语言环境建设的重要作用，认真总结国际语言环境建设的实践经验，并建

言献策，对于促进城市的经济社会发展具有举足轻重的作用。立足辽宁省大连市的城市国际语言环境建设现状，通过对大连市国际语言环境建设活动的一系列调查，发现大连市国际语言环境建设存在一些问题，并针对存在的问题提出建设性意见，供有关部门参考，具有一定的现实性、针对性和指导性。

（二）内容特点

1966 年，英国城市学家彼得·霍尔（Peter Hall）在《世界城市》一书中，提出了衡量世界城市的 7 条标准。1991 年，美国哥伦比亚大学教授萨斯基娅·萨森（Saskia Sassen）提出以主要生产性服务业的集中程度划分世界城市。1997 年，美国城市史专家卡尔·艾博特（Carl Abbott）提出国际城市分为国际生产、通路和交易事务型城市三类评价指标。目前，国内外对世界城市尚未有一个权威的统一概念和衡量标准。一般认为，世界城市的标准主要体现在城市现代化和国际化职能效应两个方面。从量化的标准看，基本上可以分为经济发展、基础设施水平、控制力和影响力、国际交往水平四个方面。世界城市是城市发展基础上逐步演化出来的国际化水平的高端标志。从本质上讲，世界城市是全球战略性资源、战略性产业和战略性通道的控制中心，是世界文明融合与交流的多元文化中心，也是城市硬实力与软实力的统一体。建设世界城市，不仅要着力建设国际商贸中心和具有国际影响力的金融中心城市，提高经济发展水平，而且要着眼于完善城市硬件条件，提高城市在政治、文化等软实力方面的全球辐射力和影响力。

软实力涉及国际语言环境、国际机制、对外政策、价值观和文明程度诸多方面。其中，世界城市软实力的重要表现之一就是国际语言环境。建设国际语言环境不仅有利于增进地区或国际的交流和了解，增进互信，提高国际影响力，而且有利于营造和谐、健康的经济投资环境，进而为提高人民的生活水平服务。

语言是人类相互沟通、进行交际活动的有效工具，是一个国家、一个民族、一座城市话语权的前提。打造世界城市必然离不开语言，因为它是与不同群体沟通的桥梁。"语言环境"指的是一个地区或一个社群语言生活的状况，是社会使用语言文字的基本面貌。城市的国际语言环境是指一座城市使用世界各种语言（种）进行信息交流的广度、深度和频度，它是城市在全球国际化进程中对外开放、国际交往的产物，是衡量城市国际化程度的一项重要标准。营造国际语言环境，不仅仅在于多少人会讲通用外语，关键在于实现跨文化交流。语言是文化的外化，语言环境实际上是文化环境，是中外文明相互融合和多元文化彼此交流的平台。只有营造通用的国际语言环境，人际关系才能更和谐、和睦、融洽，一座城市的文明程度和良好国际形象才能得到最大限度的彰显。

大连作为一座国际化色彩极浓的城市，英语、日语学习国际化初见成效，多语言网络服务系统初步建立，公共场所一般具备英语标识或初步建立了双语系统，多层次外语人才结构基本形成。但公共场所的英语标识仍有错误和不规范之处，外文信息覆盖率不高，日语、韩语较英语的普及率低，群众性外语活动规模小、场次少。因此，大连应采取更加有力的措施，通过以下措施全面建设大连的城市语言环境：制定规划，政府牵头，工作细化；展开普查，查缺补漏，纠错改非，规范城市英语标识；确立主题，展开活动，注重效果；普通话推广与汉语传播并重；普及英语，推广日语、韩语，兼顾其他外文语种；等等。

（三）编采感悟

国内外经济发展的经验证明，良好的软环境是经济发展的"推进器"，是不可替代的软实力，关系到一座城市经济的发展速度和质量。目前，有的城市存在只注重基础设施建设而忽视城市软环境建设的问题，这与党的十八大报告中指出的"深入推进政企分开、政资分开、政事分开、政社分开，建设职能科学、结构优化、廉洁高效、人民满意的服务型政府"是不相符的。加强软环境建设是建设服务型政府，适应社会主义市场经济体制的需要；是切实解决损害群众利益突出问题，为经济发展创造良好的政治和社会环境的需要；是进一步健全社会信用体系，规范整顿市场秩序，为经济发展创造竞争有序的市场环境的需要。大连城市软环境建设的经验值得学习借鉴。鉴于此，《沈阳农业大学学报（社会科学版）》策划选择了针对城市软环境建设的文章——《大连城市国际化语言环境建设思考》。

城市的软环境建设是一项复杂、长期、艰巨的任务，不可能一蹴而就，它只有起点没有终点、没有最好只有更好。越是在发展加速的时期，越需要加强软环境建设，实现软环境与经济社会发展之间的无缝隙融合。唯有如此，才能真正调动起各方面的积极性，让一切有利于城市经济建设的资源、活力竞相奔涌，从而保证城市在激烈的竞争中能绘就一幅宏伟蓝图。

第二章　纸媒研究

🍀 第一节　新媒体环境下高校期刊专业化建设

在当前媒体变革加速的时代，新媒体与旧媒体并存，既融合又博弈，且都有各自优势与不足，加之目前深化文化体制改革、推动社会主义文化大发展大繁荣的新形势，使高校期刊既遭遇挑战又迎来机遇。面对新媒体环境，高校期刊应加强自身内容优势，通过媒体融合等方式谋求新的发展，积极探索优化升级的可行性途径。新媒体环境下期刊专业化发展可视为高校期刊顺应新形势、提高学术质量、保持可持续发展的有效方式。这是高校期刊工作者需要深入研究的重要课题。

一、存在的问题

高校期刊在长期的发展中虽然取得了一定的成绩，为我国的学术繁荣贡献了应有之力，但是也出现了很多现实问题，尤其是面对文化体制改革和新媒体的快速发展，出现了很多"不适之症"，具体有以下四点。

（一）"大拼盘式"内容

当前高校期刊大多是综合性期刊，刊载内容庞杂，涉及众多学科和专业。高校媒体人员是校园媒体的管理者，必须注重提高个人素质，包括知识水平、业务能力和策划能力。同时，需要不断创新团队管理模式，逐步实现人才选拔透明化、人才培养常规化、团队管理民主化和人性化，从而激发团队凝聚力，提高工作积极性，从根本上保证新闻报道和信息传播的效果和质量。

（二）改革媒体技术，与时俱进促发展

校园媒体要想在新媒体时代依旧保持活力，必须加大媒体新技术的推广与应用，建设服务型的校园媒体群。目前，一些期刊在内容上看似面面俱到，实则缺乏个性、千刊一面，如继续这种态势，会影响期刊的质量。同时，在栏目设置上存在大而全且同质化的现象，缺少优势栏目和特色栏目。例如，有的高校期刊的社会科学版都设有政法经管、文史哲社研究栏目，看似有针对性，实际上过于宽泛，没有形成对优势学科、学科热点问题和最新研究成果的重点进行持续关注，只是根据栏目填充相关内容或是以来稿内容临时增设栏目。这些问题都会导致期刊学术影响力和吸引力下降。

（三）出版和编辑手段单一

目前，高校期刊基本上都是纸质学术期刊，这种传统的办刊方式正受到多媒体网络技术、数字出版物等的挑战。目前，大多数期刊还是按照常规的期刊出版流程进行操作，即作者的稿件经编辑加工后，由印刷厂录入排版，打出校样，经过数次校对，以及复审和终审，然后制版印刷；而对于数字出版、优先出版、OA 系统和 DOI（数字对象唯一标示符）的应用等新的出版形式和技术缺乏积极的尝试。

（四）整体定位和策划缺位

高校要丰富校园媒体的报道形式，如发展比较成熟的网络传播形式有论坛、博客、播客等。此外，在增强校园媒体时效性、可读性、实用性的基础上，应适当引入市场化运作机制，吸引外界广告，盘活校园媒体的融资、采编、出版、发行等资源。

校园媒体的影响力在很大程度上决定着校园文化的发展，影响着大学生的价值取向。在新媒体技术日新月异的今天，我们有必要不断探索和改进校园媒体的发展路径，打造多样化校园媒体。

前瞻性、创新性的策划决定期刊能否成为宣传推广前沿科技、先进思想和先进文化的重要窗口，能否发挥其最大的专业学术影响力。而目前的情况是，一些高校期刊缺少对期刊专业化发展的整体定位和策划，对于新媒体的发展或缺乏敏感，或无动于衷，没有认真策划利用新媒体服务自身，更谈不上具体的策划方案，如何实施也就遥遥无期；办刊宗旨不明确，服务对象模糊，缺乏长远意识，有些甚至仅关心眼前利益；期刊每期之间缺乏连贯性，各自为政，没有形成统一的整体风格和特色。这些问题成为制约高校期刊专业化健康发展的阻碍因素。

二、具体要求

面对高校期刊发展中存在的问题，要积极探索新媒体环境下期刊专业化发展之路，其具体内容包括以下三个方面。

（一）内容专业化

内容专业化是指期刊内容特色突出，具有鲜明的专业倾向和严谨的学术观。"得内容者，得天下。"这要求期刊依托学校优势学科或以某一学科和研究方向为重点，围绕其进行组稿和栏目设置，体现优势学科特色，坚持严谨的学术态度和高雅的学术品位，逐渐形成不为其他期刊所替代的、具有高辨识度和鲜明个性风格的"独家内涵"。

（二）手段专业化

数字化、网络化和信息化发展的不断提速，导致传统的出版和编辑手段一时很难适应。只有改革旧有的编辑出版模式，加快建设网络化、数字化的现代出版体系，才能更好地发挥期刊作为信息承载者、传播者的作用。面对媒体环境的新变化，期刊必须迅速实施编辑出版的计算机化，并逐步实现数字化。手段专业化要求积极应用新兴的出版和编辑手段与载体（如数字出版、DOI 应用等），充分利用网络在线编辑系统及其他新的编校软件等。

（三）整体定位专业化

整体定位专业化是指期刊的整体设计要体现优势学科特色，服务于专业出版活动，贴近专业读者的阅读习惯和审美要求，体现创新理念，对期刊的发展方向做出精准的战略规划。这个规划包括期刊定位、办刊方针与宗旨、发展阶段、营销策略等。其中，期刊定位是品牌期刊形成的前提。期刊定位包括受众定位、内容定位、风格定位、广告定位、发行定位和价格定位等。

三、发展路径

（一）借力新媒体打造专业品牌

品牌是一种无形的资产，它意味着一种出版纪律和文化品位，是提高期刊竞争力和现代管理水平的重要手段。在当前激烈竞争的环境中，高校期刊要努力摆脱固有形象。

首先，期刊的品牌建设要走特色发展的道路，形成开放式的办刊思路和管理模式，紧密联系所属高校的强势学科、优势专业和业已形成的学科影响力，把学科优势打造成期刊品牌。例如，《南京农业大学学报》确立了"依托学校学科优势，办出刊物特色"的主导思想，在栏目设置上少而精，所设栏目均依托学校优势学科，具有较强的研究实力，形成了农业经济与管理研究的专业品牌形象，在学术界产生了很好的影响。

其次，要积极借力新媒体，结合读者需求找准品牌定位，营造创牌氛围，加大品牌宣传力度，并引入品牌形象识别体系；充分利用新媒体，让受众参与期刊内容的生产与评价，不断优化内容，使内容更贴近读者需求；要实现信息资源互补，扩大信息来源渠道，不断获取学术领域最有价值的信息。这些手段可以在期刊专业品牌塑造方面发挥综合效力。

（二）发展全媒体出版

全媒体出版就是同一个内容同时发布在纸质媒体、互联网、手机和手持阅读器等媒体上，即一方面以传统方式进行纸质出版，另一方面以数字出版物的形式，通过互联网平台、手机平台、手持阅读器等终端数字设备进行同步出版。它强调多渠道的同步出版。高校期刊要积极推进"一种内容、多种载体复合出版"的模式，把独具特色的专业内容资源完美对接数字化传播方式，构建强大丰富的专业资源库，凝聚出版合力，优化数字出版内容资源，使专业出版模式得到创新、专业出版产业链得以完善、专业出版获得新的发展机遇。同时，要充分利用各种媒体的优势，特别是新媒体的优势，打造自己的新媒体矩阵。例如，利用微博、微信等发布信息、聚集受众，以及联络作者和专家等；积极发展数字出版等多种出版方式，拓宽传播渠道，增强读者覆盖面和期刊影响力；等等。

（三）建设研究型编辑团队

期刊业是知识密集的智力型产业，人力资源是其重要的生产要素。高校拥有丰富的人力资源，期刊依托高校，在人力资源方面有得天独厚的优势。期刊要进行专业化发展，必须针对专业品牌选拔和培养具备相关专业知识的编辑，并创造条件让他们持续深造，从而对相关专业领域的内容有深入的了解，继而构筑对学科前沿最新动向的敏锐感知，提升团队凝聚力和向心力，提高工作效率和学术质量。

同时，随着新媒体的快速发展，期刊编辑正面临着新的机遇与挑战，迫切需要实现数字化转型。首先，要求编辑掌握新媒体、多媒体、多软件综合运用的操作技能，学会利用移动终端开展编辑活动。其次，要熟悉网络相关知识，能够利用网络进行读者信息反馈与调查、数据收集与分析、网络互动论坛日常维护等。总之，编辑要深刻认识到新媒体给期刊业带来的巨大影响，在工作中自觉地运用新媒体技术，并在改革中不断拓展期刊发展领域。

❀ 第二节　网络时代高校学术期刊信息化建设

网络时代的到来和知识经济的浪潮，对人们的社会活动、生产和生活方式产生了不可估量的影响，也在微观层面上对传统高校学术期刊编辑产生了深刻影响。因此，探索适应网络时代发展需要的高校学术期刊信息化建设路径，是摆在从业者面前的一项紧迫的现实任务。

一、传统编审方式存在的问题

（一）送审效率低

高校学术期刊最初采用的是传统的邮递送审，这种方式的工作效率很低。现在普遍采用的电子邮件送审，在安全性和时效性方面都有很大进步，但同样也存在许多问题。例如，审稿人不及时接收邮件，耽误审稿进度；审稿人的态度和专业水平很难进行有效系统的评估，审稿流程缺乏透明度；无法及时快速地掌握审稿人是否已给出审回意见；审稿人由于各种个人原因延误审稿时间，使编辑催审工作量加大；等等。

（二）期刊阅读和交流受限

学术期刊的传统版印方式，使其流通范围受到很大限制。学校、科研单位间相互寄送期刊，只有部分学校、教师和学生能够阅读得到。窄域内的交流，不利于提高期刊的影响力。期刊要实现交流，只能通过编辑这个中介进行，编辑因繁杂的工作而又无暇顾及这方面，加上中间环节的传递不够及时和直接，便影响了作者与编辑、作者与审稿专家、读者与作者及作者之间对某些学术问题的交流和讨论，不利于学术的百家争鸣、繁荣发展。

二、高校学术期刊信息化建设的优势

（一）有利于资源的有效整合

实现编辑出版资源优化配置，是编辑出版资源较为理想的运行状态，但要达到这一状态，还有一个编辑部内部不断完善和发展的过程。为此，要打破资源壁垒，有效地整理、挖掘、巩固编辑部自办刊以来积累的各种重要资源，避免因编辑部人员流动或不同编辑间的专业隔阂、缺乏交流造成编辑部各种有形、无形资源的流失。同时，资源实现了有效整合和配置，也能相应地缩短期刊出版周期，降低成本，提高工作效率。

（二）有利于进一步开发审稿人和作者队伍

编辑部要建立作者库，并对作者队伍进行网络化管理，以便随时掌握作者履历、学术科研成就、个人专长等情况，并由此筛选组成一支相对稳定的高素质的作者队伍。另外，还要通过网络电子公告或其他方式接触更多的专家学者和专业科研人员，为某一选题物色最佳作者。

在网络通信中，可快速双向传递、显示编者和作者在组写稿件过程中的具体要求和细节，可就稿件的修改、校对、定稿等事宜及时交流，其速度和效率都是传统编辑方式所不及的。这样，在广开稿源的同时，稿件质量也有了可靠的保证。在此基础上，可以进一步规范审稿流程，使之符合国际上主流的审稿流程规范。

（三）有利于有效降低编辑工作量

新形势下，社科编辑和科技编辑都面临着知识更新的考验。只有加快高校学术期刊信息化建设，才能把编辑从以前繁重重复的工作中解放出来，从而获得更多时间去更新知识结构和追踪各学科的前沿信息，使自身的知识结构均衡发展、日趋完善。

（四）有利于提高期刊的影响力

通过建立一个基于数据库的期刊宣传平台，特别是面向国外的宣传渠道，可以扩大期刊的影响力。随着计算机和互联网的发展，科技文献的检索方式从手工检索发展为联机检索，使得期刊的影响范围从与发行量直接相关逐渐演变到与互联网阅读率相关。因此，可通过充分利用网络资源、重视综述性文章、使用通用平台等措施来提高期刊影响力。

（五）有利于建立在线期刊编辑管理平台

通过建立一个集不同角色（作者、编委成员、审稿专家、编辑、读者）于一体的在线期刊编辑管理平台，满足各个角色对系统的不同要求，使不同角色都能从期刊的编辑出版中获得收获。基于互联网的在线审稿系统（online manuscript reviewing system，OMRS）为期刊编辑部提供了一体化的期刊信息化解决方案，不仅全面实现在线编辑、审稿，而且在为期刊提供搜索服务的同时，更智能地为期刊编辑部办公系统传送信息，让期刊网站与全球期刊信息相链接，实现被引文献的追踪、为审稿人发送相似文献等功能，将信息服务贯穿收稿、稿件处理、审稿、发表文章的整个工作流程。

🍀 第三节　高校期刊群网络平台构建

期刊是现代传媒产业的重要组成部分。当前，面对期刊和信息资源网络化趋势，广大高校期刊编辑部也认识到期刊网络化发展的迫切性和重要性。各高校一般都有几种不同学科门类和研究领域的期刊，管理着多个不同的期刊编辑部，而各期刊编辑部大都各自为政，缺乏有效整合，管理方式较落后。在期刊网络平台建设中，单个期刊编辑部实力有限，在资金、管理、技术和人员上都难以保证，不利于形成规模，难以做到最大限度地利用资源。高校所辖各期刊要提高学术水平、扩大影响力，必须更新观念，积极探索改革途径，而构建期刊群网络平台就是其改革的有效途径之一。

一、高校期刊群网络平台的定位

（一）精品化

高校期刊多为学术性期刊，不能仅以图片、网络界面，以及缺乏新意和信息知识积累的信息菜单树吸引读者。建设高校期刊群网络平台，不仅要构造新型网络期刊媒体，而且要丰富网上学术信息资源，体现相关研究领域、学科的最新研究成果和动态，展现研究者的成果和风范，呈现读者所需的精品内容。

（二）特色化

高校期刊群网络平台要体现"群"的特色，建立体现本校特色的期刊群。在期刊群网络平台特色创建过程中，要始终贯彻"人无我有，人有我精，人优我特"。在期刊群网络平台创建中，特色化一般要经历个别的或某一面的"强项"或优势，随着局部特色的发展，以及各方位的渗透，进而产生整体效应。农业院校建设期刊群网络平台，应该贴近农业院校的办学特色和专业特点，为"三农"和新农村建设提供网络服务，坚持特色化发展，为特定群体服务，拥有自己定向的阅读群体。

（三）多样化

期刊数字化有多种形式：与印刷版期刊内容一致；在印刷版内容基础上增添新内容；只有网络版，没有印刷版；等等。高校期刊群网络平台的建立，不仅要发挥网上期刊的运行特色，而且要体现各期刊的特点。网上期刊实体没有边界，网络平台的编辑系统可以实现在线约稿、组稿、审稿、编辑加工和反馈交流等。数字化期刊可以集动态的文字、音响、画面于一体，能让读者实现动态阅读。期刊的多样化传播交流是高校期刊群网络平台建设所要实现的目标。

（四）便捷化

高校期刊群网络平台必须考虑到用户在网络平台上方便快捷地检索和编辑人员简便操作的需要。在期刊群网络平台建设中，便利快捷的检索系统是必不可少的，因为人们阅读网络期刊，更多的是为获取吸纳新信息、新知识，从而激发想象和创新。用户对网络期刊的有效利用是其快速发展的重要动力。

二、高校期刊群网络平台的发展路径

（一）打造高校所属各期刊展示平台，突出本校办刊风格和特色

由高校组建体现学校及学科特色的期刊群，并组织力量将所属刊物统一集中在一个网络平台上。这样，既能解决单个期刊编辑部网络建设技术与资金不足的问题，又能大大地增加网络平台的信息容量。可以在高校期刊群网络平台设立每个刊物的封面并配以相关介绍，然后链接该刊物所在平台。例如，沈阳农业大学的"沈农期刊网"由校内多家刊物共享一个网络平台，通过首页各刊封面点击快速进入相关刊物，浏览当期及过刊文章内容，并了解编辑部工作动态，还可进行在线投稿、编辑和审稿等操作，并通过网络管理员进行统一的管理。通过统一的网络平台，可以将各刊整合到一起，形成对外宣传的合力。

（二）整合期刊资源，使各期刊协调发展、统一管理及各刊内部的交流合作

各个编辑部自办刊以来都积累了重要的出版资源，只有打破编辑部的限制，才能实现资源整合、互通共享、有效利用。资源实现共享后，能节约成本、提高效率。期刊群网络平台的建设能使管理工作更加简便、高效，方便管理部门及时了解各刊的情况及期刊的总体状况，并适时地进行调整。同时，可在网络平台增加适合与编辑进行交流的内部平台。通过这个平台，可以对期刊从业人员进行业务培训，发布出版相关政策信息，也可以发布期刊在当年的情况（如文章点击率、下载率及办刊经验体会等）。这有利于各期刊的密切交流与合作，共同推进各期刊的整体发展。另外，在条件允许情况下，本校期刊群网络平台可以与其他高校期刊群网络平台建立互动合作。

（三）实现编辑审稿的网络化和审稿人资源共享

鉴于网络审稿具有的优势，各高校期刊编辑部在网络建设上均投入了较多精力，多数编辑部都建立了网页，拥有自己的审稿专家数据库，初步实现了编

辑审稿的网络化、无纸化。目前，审稿专家数据库建设还处于完善阶段，审稿人资源是编辑个人或一个编辑部在日常工作中积累下来的，不能形成一定的规模和数量，就无法充分发挥其影响力。高校期刊涉及众多的学科，需要的审稿专家库数据量很大。数据量太小，供选择的专家太少，就会造成很多稿件集中在少数审稿人手中，从而使审稿人负担变重、审稿周期加长。高校期刊群网络平台实现了各期刊的审稿人数据库共享，在平台上可以互通有无，且具有作者或读者符合审稿人条件就可申请成为审稿人的功能，可以进一步扩充审稿人数据库。

（四）建立读者网络交流互动平台

由于纸质期刊的互动性差、形式单一，即使有"编读往来""读者热线"等，也只是在表面上的互动，并不能真实代表多数读者的意见。现在的读者主体意识强，注重参与，想吸引读者，就要有更多互动，就要激发读者的参与热情。借助网络信息技术进行拓展，成为刊物与读者互动的有效途径。因此，应在期刊群网络平台建立读者论坛和利用在线交流软件建立读者交流群，实现编读在线即时交流，让读者自由地发表对刊物的评价及建议，使之作为调整办刊方向的参考。

🏵 第四节　新媒介环境期刊内容建设

一、农业院校学报社科版文史哲类栏目内容策划

目前存在一种思维定式，即似乎名学报只能出在名校，这是一种误解，扼杀了许多学报的创造精神。事实上，普通农业院校学报，只要充分发扬编辑的创造精神，能动地挖掘和发挥自己的优势，就可以逐渐办出自己的特色。"办学报就是办学校"，而栏目是学报的骨架。应致力于丰富学报的栏目内容，提高学报的学术质量，发挥其与学校学科建设的互动作用，从而真正体现出"办

学校"的宗旨。在自然科学氛围浓厚的农业院校,如果只关注科学而忽视人文,会让师生的视野变得狭隘。科学好比河岸边的树,人文就如水里树的倒影,如果只知道有岸上的树,而不知道水里有树的倒影,由此做出的价值判断很可能是简单、片面和单一的。农业院校学报社科版作为综合性期刊,内容丰富多样,但万变不离其宗,它始终肩负传播人文思想、弘扬人文精神的使命,故而应该持续关注人文社会科学的研究进展,展示最新的人文社会科学学术研究成果,特别是和农业发展息息相关的人文知识。

(一)文史哲类栏目内容策划存在的问题

目前,农业院校学报社科版整体上适应时代发展,不断更新编辑理念,整合多种媒体,积极探索特色化发展之路,但在文史哲类栏目内容策划方面仍然存在一些问题。

首先,文史哲类栏目内容庞杂,缺少针对性。农业院校学报社科版大多设有文史哲类栏目,虽然发稿数量有所控制,但栏目一直保留,刊发的文章五花八门、包罗万象,可谓"大杂烩",其大多没有针对农业院校自身的特点、现实情况和农业学科发展进程去组稿,也没有对文史哲类栏目进行统一策划,没有形成有效的约稿机制,缺少农业发展相关的文章,如农史、农法、农业信息推广传播等方面的文章。

其次,对文史哲类栏目重视程度低,缺乏高质量稿件。农业院校学报社科版往往把注意力集中到农业经济管理类稿件。有些农业院校学报社科版为了在综合性期刊竞争中处于优势,尽快进入核心期刊行列,往往另辟捷径,瞄准核心期刊农业经济分类,不再刊发文史哲类稿件,去掉文史哲类栏目,只保留农林经济相关栏目,整个学报内容全是农林经济管理相关的文章,文史哲类栏目越来越被边缘化,与学报社科版的综合性定位越离越远。

再次,文史哲类栏目策划缺少创意和持续性。品牌栏目往往离不开强有力的、富有创意的策划,好的策划是栏目成功的先导。现在农业院校学报社科版虽然开设文史哲类栏目,但没有认真研究栏目,缺少富有创意的策划,在栏目名称的确立、栏目内容的界定及栏目在整个期刊中的定位等方面都模糊不清,这样很难办出精品栏目,也吸引不了读者的关注。有时,随着自然来稿量的降低,甚至会出现暂停栏目或者隔期再出的问题,要知道,没有持续办栏目的动力，自然无法达到形成精品栏目的目的。

最后，文史哲类栏目编辑缺乏创新能力，其素质亟待提高。编辑素质高是办好期刊的关键因素之一。编辑素质高，掌握较高的编辑技能，有丰富的知识积累，有助于其在众多的来稿中发现高质量的文章，从而提升刊物的质量和影响力。当前，新媒体高度发达，编辑应紧跟时代步伐，不断提升自身素质，积极探索栏目创新思路，创造品牌栏目，研究如何运用多种媒体手段去提高刊物质量和扩大刊物的知名度和影响力。但是，一些编辑疲于应付日常事务，不关心业界发展动态和最新进展，闭门造车，不了解文史哲类研究的最新方向，也就很难提升刊发稿件的质量。

（二）文史哲类栏目内容策划的具体定位

科学要求专业性，哲学则鼓励综合性。对人类充分性和完整性的认识，恰恰是科技工作者忽略的东西。因此，农业院校学报社科版应关注哲学研究与发展动态。

农业院校学报社科版可以通过设立哲学类栏目重点关注马克思主义哲学研究，引导农业大学中从事自然科学的师生多用哲学的眼光考察人生，认真思考行动背后的原则和理由。对哲学经典的研究，不是出于好奇新鲜，也不仅仅为推动文化多样性，而是因为哲学可以使人们为自己的观点辩护，以便采纳更好的观点，成为对社会更有用的人。例如，《沈阳农业大学学报（社会科学版）》刊发清华大学张和合与张伯威的论文《古希腊哲学家柏拉图〈斐多篇〉主要内容的存疑与释疑》对剑桥大学出版《斐多篇》中关于灵魂问题的论述提出一些疑问并进行解读，帮助读者更好地理解这一哲学著作。

文学有很多功能，农业院校学报社科版文史哲类栏目选择的是一种最重要的功能，即"使看不见的东西被看见"。这是文学语言最重要、最实质和最核心的一个作用。农业院校学报社科版选择"文"是因为文学语言使人们看见现实背后更贴近生活本质的一种现实，在这种现实里，有深刻的理性，更有人们对"美"的体悟。美，也是更贴近生活本质的一种现实。例如，《沈阳农业大学学报（社会科学版）》在这方面做了很多探索，刊发国家社会科学基金项目研究成果《汉英移就的心理动因与修辞效应》，探讨"移就"这一特殊的、超乎常规的语言现象，并指出恰当使用"移就"修辞格，能增加语言的情趣，增强描述的形象性，创造出奇妙的意境，提高作品的吸引力，具有广阔的运用前景；刊发辽宁省教育厅高等学校科研项目成果《大连城市国际化语言环境建设思考》，指出大连城市国际化语言环境建设取得的成绩和存在的不足，并提出切实的对策，研究城市语言环境建设是一个新的课题，具有创新性。刊发《唐代诗人李白与杜甫友谊关系辨正》，针对学术界在评价李白与杜甫友谊时始终存在的一些传统偏见，对李、杜的友谊关系给予了新的界定与评价。

历史对于价值判断的影响非常大。对于任何东西、现象、问题、人、事件，如果不认识它的过去，就很难理解它现在所代表的意义；不理解它现在所代表的意义，又何以判断它的未来？这是历史独特价值的体现。农业院校学报社科版要以历史的眼光，加强对原典的研究，刊发用比较成熟的、参考系比较广阔的眼光探究历史的学术论文，特别是研究农业发展史的学术论文。例如，《沈阳农业大学学报（社会科学版）》刊发吉林省"十二五"社会科学研究项目成果《中国辽代农业发展的主要动因》，鉴往知来，为当前农业发展提供有益借鉴。

实践中，法学研究具有重要的理论指导意义。它可以帮助人们更好地认识和理解法的本质，有助于国家的立法活动，有助于法学教育和法治宣传，有助于学习和借鉴外国的法律和法学经验。农业院校学报社科版应该重点刊发涉农法律研究文章，如《沈阳农业大学学报（社会科学版）》刊发了辽宁省社会科学界联合会课题成果《论我国农村社会保障法律制度体系的完善》，分析了我国农村社会保障法律制度体系存在的主要问题，并提出了完善我国农村社会保障法律制度体系的建议。

农业院校学报社科版应该通过长期的编辑实践，探讨人文社科相关的优秀研究成果，提高教职员工的人文素质，营造良好的农业院校人文氛围，让社会科学不断浸透到自然科学研究中，不断提高自身在人文社科领域的学术影响力。

二、高校学报"教育教学"栏目内容定位

曾有期刊学家强调"办学报就是办教育"。"教育教学"栏目是农业院校学报社科版的骨架，因此，应致力于提高学报教育教学方面的文章质量，发挥

其与高校学科建设的互动作用，真正体现"办教育"的办刊宗旨和特色。

（一）致力于探索高校的育人科学

21世纪是数字化的世纪，是全球化经济、技术竞争的世纪，是人才竞争的世纪。高校教师不仅需要向学生传授各种科学技术专业知识，而且应该教育学生学会做人。教育是教书育人，育人是教育的根基。不管是创新教育方式方法还是推动教学改革，高校教育的根本目的都是提高人才培养的质量。而提高人才培养质量，就要求制定切实可行的人才培养目标。人才培养目标体现着先进的教育理念，是高等教育改革创新的目的和方向。

例如，《沈阳农业大学学报（社会科学版）》"教育教学"栏目首先关注育人的内容，每期都在探索高等教育理念、大学生思想政治教育方面的内容，紧跟高校育人实践，时刻关注高校育人科学。教育的生命在于育人，这是教育的本质要求和价值诉求。育人就是对大学生进行德育、智育、体育、美育、劳动教育，使其善于思考、敢于创新，成长为社会需要的身心健康的人才。在当今新媒体快速发展、多元化社会思潮与价值观冲击背景下，大学生的思想和观念更趋复杂，所承受的压力也更大，这给高等教育提出了巨大的挑战。高校如何应对这样的新形势？大学生思想有哪些新动向？面对高校育人、传播科学知识等方面的新问题，有哪些可行的解决之道？对此，"教育教学"栏目可聚焦三个关注点：一是高等教育理念的变革，包括大学生素质教育理念及其实践、大学生文化素质教育、大学生综合素质评价体系的研究；二是教育理念及其实践创新，包括对意识、思维、技能、情感和人格培养的创新研究，其中创新能力的培养是创新教育的核心，也是"教育教学"栏目关注的重中之重；三是思想政治教育和心理健康教育的改革发展。

"教育教学"栏目从这三个关注点入手，积极探索高校育人科学，不仅扩大了学报的社会影响力，而且为提高"教育教学"栏目的知名度做出了重要贡献。同时，将栏目刊发的教育教学研究成果运用于教学实践，与学校的学科发展有机结合，也直接提升了高校教育教学研究的活跃度，进一步推动了高等教育教学事业的发展。

（二）深入探究传播科学知识的教学规律

教学的艺术不仅在于传授本领，而且在于激励、唤醒和鼓舞。高等教育不是要改变每名大学生，而是要帮助每名大学生。当计划经济体制向市场经济体制转轨、高等教育由精英教育阶段转向大众化教育阶段后，高校的教育观念、教育价值及社会对人才需求等方面的变化对高校教育教学提出了新的要求，促使高校教育教学在观念、内容和方法等方面不断深化改革，以适应经济、社会变化的新需要。因此，各高校学报的"教育教学"栏目应始终坚持探究传播教育教学知识的规律这一特色。

"教育教学"栏目要始终关注教学改革的研究成果。教学改革存在着各种各样的可能性，高校需要勇敢尝试，并进行科学创新。

"教育教学"栏目应该特别关注对教学方法的探讨与研究。教学方法有两个方面，即教师的教授方法和学生的学习方法。教学方法要求教授方法与学习方法统一。教授方法要以学习方法为依据，离开了学习方法，教授方法就会缺乏针对性和可行性，从而不能达到预期目的。此外，教学模式和教学手段也与教学方法密切相关。教学模式是在一定教学思想指导下，为完成某个教学课题，由若干个有固定程序的教学方法组成并运用的稳定的教学方法程序及策略体系。每种教学模式都要有一定的指导思想，并具有独特的功能。教学模式深刻影响着教学方法的运用和教学实践的发展。《沈阳农业大学学报（社会科学版）》"教育教学"栏目筛选刊发优秀的教学论文，旨在切实推进高校的教育教学改革，发现教育规律，指导教学实践，为提高高校人才培养质量尽绵薄之力。

总之，"教育教学"栏目在教育教学改革方面意义重大，有利于高校学报学术质量的提高和影响力的提升。

三、语言文学栏目内容设置与策划

在具有浓厚自然科学氛围的农业大学，加快发展社会科学的编辑出版事业，能够让自然科学的学术研究与社会科学的人文情怀互动起来，从而不断提高从事农业科学的教学和研究人员的人文社会科学素质。《沈阳农业大学学报

（社会科学版）》通过展示和交流一定数量的"语言文学"优秀学术成果，不仅能够推动学校社会科学研究事业的发展，而且能促使学校社会科学与自然科学有机结合，使学校各方面工作井然有序、与时俱进，使广大作者、读者和编者的人文素质得以逐步提升，有利于推动学校教育事业和科研事业的可持续发展。

因此，自 2000 年，《沈阳农业大学学报（社会科学版）》将"语言文学"作为学报的一个固定栏目，长期致力于语言文学的学术交流和文化传播，以及创建、传承和弘扬一种社会科学的人文品位，已经在全国本科院校尤其是农业院校中产生了非常良好的学术影响。

（一）关于语言及其栏目

联合国规定使用的正式语言和工作语言有汉语、英语、西班牙语、法语、阿拉伯语、俄罗斯语。随着我国综合国力的增强和国际地位的提高，使用汉语的人越来越多。

语言既是思维工具和交际工具，也是提升人文素质的载体。《沈阳农业大学学报（社会科学版）》通过长期的编辑出版实践，探讨汉语、英语等应用语言学方面的优秀学术成果，不仅为扩大期刊的社会影响力、提高刊物的知名度做出了重要贡献，而且能够直接推动学校社会科学研究的发展。

（二）关于文学及其栏目

语言是一种社会现象，是人类重要的交际工具，是进行思维和传递信息的工具，是人类保存认识成果的载体。语言具有稳固性和民族性。人类创造语言之后，又创造了文字。文字是语言的视觉形式，它突破了口语空间和时间的限制，能够发挥更大的作用。

文学是以语言文字为工具，借助各种修辞及表现手法，形象地反映客观现实的艺术，包括戏剧、诗歌、小说、散文等。它是文化的重要表现形式，以不同的形式或体裁表现内心情感，再现一定时期、一定地域的社会生活。

《沈阳农业大学学报（社会科学版）》通过多年的编辑实践，探讨古今文学、中外文学评论的优秀研究成果，不仅为扩大学报在文学领域的学术传播力与社会影响力，提高刊物在文学领域尤其是文学评论、文学欣赏等方面的知名度做出了重要贡献，而且能够提升学校教职工、作者、读者和编者的人文素养。

（三）创建、传承和弘扬一种社会科学的人文品位

沈阳农业大学需要创建一种反映社会科学的人文园地，展现广大师生在语言、文学方面的优秀研究成果，为学校的教学、科研等工作增添一丝语言应用的快乐色彩、一道人文的温馨阳光、一抹文学的绚丽浪漫。

沈阳农业大学有许多社会科学相关课程，如农业教育、大学语文、经济管理、外语教学、科技写作等，拥有几代学者在语言文学方面研究的历史底蕴，需要接力传承这种人文血脉，为学校的教学、科研等工作增添一层历史的厚重、一种语言的积淀、一段文学的回味。

沈阳农业大学不仅赞美自然科学的严谨缜密、实事求是，也拥抱社会科学的林林总总、丰富多彩，更接纳社会科学的人文关怀，积极展现广大师生在语言、文学方面的创新研究成果，为学校的教学、科研等工作增添多种思想的快乐自由、无数灿烂的人文光芒、无尽美妙的浪漫幻想。

四、"沈农学人风采"栏目内容创新策划

当代中国正处在历史发展的新起点上，作为一个现代人，要努力按照科学精神和人文精神的要求做人做事。科学精神是促进中国发展的核心动力与精神力量之基。我国科技队伍规模是世界上最大的，这是产生世界级科技大师、领军人才、尖子人才的重要基础。科技人才培育和成长有其规律，要大兴识才、爱才、敬才、用才之风，为科技人才发展提供良好环境，在创新实践中发现人才、在创新活动中培育人才、在创新事业中凝聚人才，聚天下英才而用之，让更多千里马竞相奔腾。

但是，当前科学精神在文化上不够深入人心，而且传统文化中的一些陋习也限制了科学精神的培植与滋长。鉴于此，《沈阳农业大学学报（社会科学版）》在2015年创办了"沈农学人风采"栏目，旨在通过农业科学家科研创新、教书育人及积极的人生态度和无私奉献的精神启迪后辈，使人们明白中国梦的实现不能靠幻想，而要脚踏实地、开拓创新。

（一）科研攻关，创新求索

应当始终将发展独立思考和判断能力放在首位，而不应当把获得专业知识放在首位。如果一个人掌握了学科的基础理论，并且学会了独立思考和工作，那么会更好地适应时代的进步和变化。"一个真正的科学家要耐得住寂寞，10年、20年静下心来，不能心急，不能以功利为目的。"这是"沈农学人风采"栏目宣传的农业科学家共同的品质。

中国工程院院士陈温福追随导师杨守仁教授攻克了籼粳稻杂交育种中性状疯狂分离、结实率低和后代不易稳定的三大水稻育种难题，通过近十年实践，选育出适于"北粳南引"的新品种"中粳564"。在具有籼粳稻杂交、理想株型育种等方面丰富经验的基础上，陈温福院士跟随导师在超级稻育种理论、方法和新株型种质创制等方面开展了系统研究，率先提出通过"理想株型与优势利用相结合"实现水稻超高产的科学设想。1996年，他主持的水稻超高产育种科研取得重大进展：创制出新株型种质资源"沈农89366"和"沈农9660"，并选育成第一代直立大穗型超级稻"沈农265"，在北方寒地稻区试种2公顷，最高单产突破每公顷1.2万千克。1996年，因陈温福院士在超级稻领域理论研究、资源创新和新品种选育方面的杰出成绩，农业部决定正式立项启动中国超级稻育种计划。由此，沈阳农业大学成为中国超级稻研究的策源地和发祥地。陈温福院士还组建了致力于秸秆炭化还田技术的研发团队，并牵头成立辽宁省生物炭工程技术研究中心，利用简易制炭设备与技术将秸秆炭化成生物炭，再以生物炭为基质生产缓释肥或土壤改良剂还田，既能解决秸秆大量燃烧或废弃带来的资源浪费和环境污染问题，又能改良土壤结构、提高肥力、解决土壤质量退化问题，实现了农林废弃物资源化利用和农业生产的良性循环。

中国工程院院士李天来首创日光温室优化设计理论与方法，率先研制出四代节能日光温室，创建了北方寒区日光温室果菜全季节栽培模式与技术体系，攻克了北方寒区冬季蔬菜高产优质节能生产难题，将日光温室果菜冬季不加温生产区向北推移300千米，为我国日光温室蔬菜产业的形成与发展奠定了技术基础，获得多项国家级和省部级科研成果。

世界科技发展的实践证明：一个国家只有拥有强大的自主创新能力，才能在激烈的国际竞争中把握先机、赢得主动，特别是在关系国民经济命脉和国家安全的关键领域，真正的核心技术、关键技术是买不来的，必须依靠自主创新。陈温福院士、李天来院士、陈启军教授、冯玉龙教授、傅俊范教授、韩晓日教授等沈农杰出科学家的典型事迹，是对求真务实、勇于创新的科学精神的生动注解。

（二）教书育人，言传身教

杰出的科学家不仅专注于科研创新，更不忘教书育人。他们关心爱护学生，在传授专业知识的同时，以自身的道德行为和魅力言传身教，引导学生塑造完美的人格，寻找生命的意义。学生是科技火种，是国家、社会的宝贵财富。以陈温福院士和李天来院士为代表的沈农优秀的科学家长期坚持在教学第一线，坚持为本科生、研究生授课，积极实施素质教育，努力推进教学改革和教育创新，在人才培养、科研团队建设方面取得显著成效。在指导本科生、研究生实践教学中，他们坚持高标准、严要求，注重实践能力的培养和素质教育的实施，努力促进学生全面发展。他们亲自负责课程建设与规划设计、教学大纲和实践教学环节编制、组织实施教学等，对每节课的教学内容反复推敲，将最新的科研进展及国内外交流得到的新内容及时融入课堂教学。对于学生的研究论文和毕业论文，无论多忙，他们都亲自指导，一一批阅，细心修改，严格评议。他们都非常重视实践教学，强调学科的实践性，以身作则，坚持进试验田，亲自动手，与作物对话，亲自观察和了解作物特性。多年来，他们培养了多名博士后、博士研究生和硕士研究生，可谓桃李满天下。

（三）奉献社会，为民解忧

爱因斯坦说："人只有献身社会，才能找到那短暂而有风险的生命的意义。"科学家把自己的研究成果奉献给人民、用于造福社会，这是其职责所在。事实上，科学家用科学知识和科学技术为社会做贡献的方式和途径有多种，但最终落脚点都在于提高人们的科学素质和文化素质，让科学成为人们手中的武器。

陈温福院士始终关注国家粮食安全。在我国取得粮食连续多年丰收的成绩时，他呼吁国家重视潜藏的粮食安全危机，在全国两会发言中建议国家出台相关措施，不断提高我国耕地质量。

李天来院士研发的日光温室蔬菜生产技术与产品在我国寒区大面积推广，

不仅解决了北方寒区主要果菜冬春供应难题，而且促进了农民增收。几十年来，他不辞辛劳地奔走于全国适宜发展日光温室蔬菜生产的寒冷地区。他被许多地方政府聘为农业经济发展顾问，坚持免费给农民提供相关的科技服务。

❀ 第五节　纸媒报道方式探索

科学家精神是科学精神的内化与延伸，是促进中国发展的核心动力与精神力量之基。习近平总书记多次强调要弘扬以爱国主义为底色的科学家精神。《关于进一步弘扬科学家精神加强作风和学风建设的意见》中提出，要"加快培育促进科技事业健康发展的强大精神动力，在全社会营造尊重科学、尊重人才的良好氛围"。党的二十大报告中指出："我们要坚持教育优先发展、科技自立自强、人才引领驱动，加快建设教育强国、科技强国、人才强国。"

但是，当前科学家精神在文化内涵方面仍需不断深入拓展，加上部分媒体不重视科学家精神的宣传，在报道中出现科学性、知识性错误，存在"标题党"、不讲究报道方法、内容空洞等问题。

鉴于此，各类媒体应该调动各方资源，不断提高媒体从业人员的科学素养和媒介素养，探索新的报道方式，结合生动鲜活的农业科学家典型事迹，启迪后辈，使人们在领悟科学家精神的过程中，不断提升科学素养。

一、时间串联与聚焦方式：关注科学家科研攻关和创新求索的事迹

综观世界科技发展过程，只有一个国家的科技足够自主创新，才能在激烈的国际竞争中占据优势，掌握主动权。当今的世界形势让国人更清醒地认识到核心技术是买不来的，必须靠本国科学家的创新创造。科学家及其团队为国家科技进步做出了实实在在的贡献，树起了一个标杆、一面旗帜，他们的事迹需要被大力宣传和报道，被民众熟知和学习。创新不是一蹴而就的，而是需要科学家几十年如一日，耐得住寂寞，克服浮躁心态，抵御功名利禄的诱惑，默默

求索。媒体在报道科学家精神时，要首先关注这一点，这也是媒体宣传科学家精神的重点所在。

例如，有媒体报道中国工程院院士陈温福的超级稻科研探索之路时，用时间线串联起陈温福院士的科研探索历程。报道从陈温福院士早期的科学研究入手，先介绍他追随导师杨守仁教授攻克籼稻和粳稻杂交育种中性状疯狂分离、结实率低和后代不易稳定的三大水稻育种难题，通过近十年实践选育出适于"北粳南引"的新品种"中粳564"；率先提出通过"理想株型与优势利用相结合"实现水稻超高产的科学设想；在水稻超高产育种方面创制出"沈农89366"和"沈农9660"，成功选育第一代直立大穗型超级稻"沈农265"，并在北方寒地稻区试种成功，获得高产。报道并没有就此为止，而是积极跟进陈温福院士的科研探索之路，指出他不满足于现有成绩，近些年来还致力于生物炭研究，以期推动农林废弃物资源化利用和农业生产的良性循环。该报道完整还原了科学家科技探索创新之路的艰难，表达了科学家不满足于现状、勇攀科学高峰的精神。

聚焦法是一种特别适合深度报道的结构方式。采用聚焦法报道时，首先是设法在个人的遭遇或经历与一个宏观性或中观性的社会问题之间建立起某种联系；其次是点出报道的主旨，使报道顺畅地由个人问题的描述转换到对大问题考察分析上；再次是发展主题，即对大问题展开报道和分析，多层面地观照和透视主题，使主题得以全方位地展现；最后是呈现有力的或意味深长的结尾。

在深度报道中采用聚焦法，能使报道富有深度，这个深度主要体现在意义阐释深刻及聚焦之处有立体透视感两方面。聚焦法能突出主题，形象、立体和生动地塑造人物或反映事实；能从多角度切入报道、多层次塑造人物，让受众对报道内容感同身受。例如，有媒体在对中国工程院院士李天来的报道中就使用了聚焦法，由人物代表性语句过渡到主题，最后呼应开头。报道将重点放在李天来院士成果研制四代节能日光温室和攻克北方寒区冬季蔬菜高产优质节能生产难题这一突出贡献上，指出这一创新成果实现了北方严寒地区冬春季不加温生产果菜，将冬季不加温生产蔬菜线向北推移300千米，从此我国日光温室蔬菜产业发展有了更先进的技术支持。

二、细节描摹与刻画：侧重科学家教书育人与言传身教的德行

杰出的科学家不仅专注于科研创新，而且不忘对科学的传承，他们知道单打独斗、闭门造车是无法保证科技创新和可持续发展的，因而致力于传播知识及科学理念与方法，教书育人，薪火相传。科学家在传授知识和技能的过程中，也看重道德的力量，注重培养德才兼备的科技人才。

古人云："无论记事纂言，其中皆须表微意在。"细节是构成人物形象和事件的"细胞"，一篇有吸引力的深度报道，其中的细节往往会给受众留下深刻的印象。好的细节是一篇成功的专题报道不可缺少的内容。由于专题报道是用文学的手法报道现实生活中的真人真事，因此报道中的细节描写具有特殊的作用。在报道中运用细节不是越多越好，不能喧宾夺主，要善于选取典型细节。所谓典型细节，就是有视觉感染力或冲击力，深入人心的、具有代表性的，对升华主题有帮助的细节，它可以起到以点带面的作用。报道时，还要注意选取画面细节，运用特写和近景画面细节，增强画面的视觉冲击力，升华报道的主题思想，使受众感受到画面细节震撼人心的力量。媒体工作者要加强学习和领悟，不断提高报道的敏感性，善于发现报道对象工作及生活中的细节，掌握运用细节刻画人物性格和塑造人物形象的本领，从而提高报道的感染力和影响力。

真实、生动、有意味的细节能引发共鸣。恰到好处的细节，对表现主题和突出科学家精神品质都能起到事半功倍、画龙点睛的作用。细节描摹到位，科学家形象才能更生动、更立体，报道才能更有深度。例如，在报道科学家教书育人时，可以从科学家工作、生活及与学生交流的点滴细节入手，以小见大，通过具体的事例突出科学家以自身的高尚的道德品行和人格魅力引导学生完善道德人格、探索生命价值。

三、"接地气"叙事：突出科学家奉献社会和为民解忧的精神

科学家的社会责任是一个值得探讨的、有意义的话题。当今时代，科学与社会的联系越来越密切，科学家的社会责任也随之不断增加。不仅科学家个人的社会责任增加了，而且由科学家形成的科学共同体的社会责任也增加了。科学家和科学共同体担负着促进社会进步、推动科技发展、坚守科学伦理和普及科学知识等重任。科学要造福人类，为人类提供便利，使世界更美好。科学家要把自己的研究成果和产品奉献出来，坚定服务社会和人民的决心。

媒体报道要"接地气"，是习近平总书记对广大媒体工作者的要求，是媒体增强传播力、引导力、影响力和公信力的好方法。一篇报道只有"接地气"，才能"有温度"，才能体现价值，才能打动人，从而引发广泛的共鸣。

媒体在报道科学家为社会服务和为人民服务时，不要"起高调"，而是要在报道中体现科学家的"接地气"，即对老百姓的关心和贡献。在老百姓的印象中，科学家是离他们日常生活很遥远的存在。媒体在对科学家精神的报道中，要尽力消除这样的认知，让民众感到科学家是有血有肉的人，是为老百姓谋幸福的人。例如，某媒体在报道科学家精神时，着重体现了科学家服务"三农"、为农民谋幸福的行动。李天来院士为服务社会不辞辛劳、不知疲倦，在寒区，他研发的日光温室蔬菜生产技术得到广泛推广，成功攻克了东北寒冷地区所需蔬菜、水果等在冬天和初春供应不足的难题，惠农利农。几十年来，他不计名利，深入农村为农民提供科技服务与培训。陈温福院士衣着朴素、平易近人，亲自为农民解决生产难题。他研发了以无纺布覆盖旱育稀植为核心的粳稻超高产栽培技术，良种与良法配套，实现连续多年多点万亩连片试验示范公顷单产稳定高产，让农民实现增收丰收。陈温福院士还始终关注国家粮食安全，报道中也着重叙述了他对关注我国粮食安全潜在危机、提高我国耕地质量的呼吁。

媒体报道科学家精神的"接地气"，还体现在对科学家平实又有哲理的日常语句的记录。科学家一句句朴实无华而富有哲理的话语，就像是一个个思想

火花，可以点燃年轻人学习与生活的热情，指引其朝着正确的道路持续奋斗。科学家在日常工作和生活中经常与学生、同事、亲友和服务的群众交流沟通，在他们的谈话中，蕴含着朴实但又富有哲理的语句，这些语句是他们在多年的科研工作和丰富的生活阅历中总结出来的，是他们精神的朴实展现，因此，在报道科学家精神时，要多采访科学家身边的人，记录令他们印象深刻的语句，捕捉科学家日常工作和生活中的语言智慧，这些语句可能会成为激励后辈奋发向上的精神动力。

总之，弘扬科学家精神、传播科学精神、提升全民科学素质工作，是一项需要持之以恒去做的系统的工作，也是一项紧迫的工作。各类媒体要担负起自身的职责和使命，在党的领导下，传承科学家精神，关注民众需求，创新报道形式，采用民众喜闻乐见的形式和表达方式，推动科学家精神进工厂、进校园，真正走入民众内心，激励科技工作者奋进创新。

❀ 第六节　期刊封面设计

美存在于人类的一切活动之中。李泽厚在《论美感、美和艺术》中说："美是形象的真理，美是生活的真实。"阅读纸质媒体，读者最先接触到的就是封面。封面既要具有标识作用，又要形象地体现纸质媒体的编辑质量和风格特色。封面如果没有强烈的视觉冲击力，是很难引起读者的注意和兴趣的。封面设计应该体现美学追求，诉诸读者知觉的深层次的内容美，使读者得到某种思想的启迪、情致的感染。

一、对比中寻求协调

封面设计要利用人们要求协调、和谐的心理，在对比中力求达到协调，从而显示出一种古拙的庄重美。这样的设计可以使人产生视觉与心理上的完美、宁静、和谐之感。

《编辑学刊》2007 年度的封面设计中，运用繁体字并配以沉稳的底色，就体现了古朴的美感。封面设计中，在色彩配置上注重突出色彩的对比关系，在对比中寻求协调统一，即以间色互相配置为宜，使对比色统一协调。

美国著名的《时代》杂志在封面设计上体现的在对比中寻求协调的美学风格值得借鉴。例如，《时代》经常用红与黑的对比，也用红与蓝、红与白的对比。红色给人以热情、向上、革新等审美体验，黑色、白色、蓝色给人以稳重、冷静等心理感受。在色相、明度上不失稳重、优雅，与其定位极为协调；适当用黄色进行点缀，不超过五种颜色的运用，纯度上的冷暖、深浅对比鲜明，使整个封面显得富有时尚动感；同色彩的运用，使整个封面色彩既不显得杂乱无章，也不显得单调乏味；该强调的部分突出；该弱化的部分减弱；利用不同色相的颜色搭配，产生不同的视觉效果和色彩层次；对比色配置给人以强烈的刺激冲突，邻近色匹配则会产生柔和、平静的感觉；红黑搭配、红白搭配、红蓝搭配，使色彩的明度对比既夺目，又不至于太刺眼。读者在寻求协调的追求中获得美感享受。

二、节奏中体现韵律

节奏与韵律是音乐中的词汇。节奏是指音乐中音响节拍轻重缓急有规律的变化和重复；韵律是在节奏的基础上赋予一定的情感色彩。前者着重运动过程中的形态变化，后者强调神韵变化给人以情趣和精神上的满足。节奏是韵律形式的纯化，韵律是节奏形式的深化；节奏富于理性，韵律则富于感性。韵律不是简单的重复，而是有一定变化的互相交替，是情调在节奏中的融合，能在整体中产生不寻常的美感。节奏与韵律是密不可分的统一体，是美感的共同语言，是创作和感受的关键。通过节奏与韵律，才能体现美的感染力。

成功的封面设计总是以明确动人的节奏和韵律将无声的实体变为生动的语言和音乐，使封面的构图充满音乐性和抒情性，令人遐想。正如歌德所说："韵律好像魔术，有点迷人，甚至能使我们坚信不疑，美丽属于韵律。"例如，《当代电影》2008年度的封面设计中，通过色彩的变化和体现动感的电影胶片8字图形，形成跳动的节奏，使整个年度封面设计形成一个整体，构成充满美感享受的韵律，似欢快的音乐，又像优美的诗歌。

另外，在封面设计中，要讲究中国画中所说的留白，即该空的地方不要强加内容，要有"不着一字，尽得风流"的美学效果，给读者留有遐思的空间。

三、变化中追求统一

朱光潜曾说："凡是艺术创造都是平常材料的不平常综合，创造的想象就是这种综合作用所必须的心灵活动。"封面设计总是要用各种不同的艺术手段进行呈现，总是表现事物的各种不同存在形式，总是在空间位置、空间关系上进行组织。如果这些复杂繁多的视觉因素只有多样变化，没有和谐统一，那么就会显得杂乱无章；如果只有和谐统一，没有多样变化，那么就显得呆板单调。独立的差异因素在艺术组合建构中，既体现外在关系的差异，又存在一定内在联系，只有将其构成统一有机的整体，才能产生赏心悦目、传情达意的审美效果。因此，在封面设计中，既要追求色彩、版式、字体的变化多端，又要防止各因素杂乱无序地堆砌，同时要注意在追求秩序美感的统一风格时，防止缺少变化引起的呆板单调的弊病。可见，只有在统一中求变化、在变化中求统一，并保持变化与统一的适度，才能使封面设计给人以视觉的享受和美的愉悦。

在具体封面设计过程中，在色彩面积运用上，一般与其他色彩相对的主色调要占据主要位置、较大面积，通常是背景色或封面人物的色彩。导读部分的文字色彩面积虽小，作用却十分重要，通常采用与背景色或封面人物色彩不同的色彩来突出，即与主色调协调的其他色来强调。在层次处理上，通常把导读部分的文字放在第一层，封面人物居于第二层，刊名居于第三层（有时刊名也居于第一层），最后一层是背景色。这样的层次处理，使得整个画面层次异常分明，编辑意图也很清晰，始终保持着统一中的变化、变化中的统一。例如，《电影艺术》2009 年度的每期封面中，背景色占据封面的大部分面积，作为主色调；刊名作为画面层次的第一层，用以突出强调；导语和封面人物居于第二层次，通过光影色彩的运用产生立体层次感。其每期封面在色彩变化中贯彻构图稳定统一，层次分明，颇具美感。

美是一种能影响情感和理智的形象。这些完美的形象都是理性和知觉、思想和情感和谐地结合在一起创造出来的。封面设计需要根据纸质媒体的性质、特点和用途等，设计特定的装饰性图像，并将图像与色彩、文字，以及点、线、面巧妙地组合，构成传情达意的艺术性画面，营造一种寓意深刻而优美动人的审美意境，给读者以美的享受，吸引读者持续关注。

第三章　视听媒体研究

🍀 第一节　电视戏说历史剧研究

一、电视戏说历史剧的界说、兴起与发展

有这样一部电视剧，首播距今已经近三十年，在当时创下了很高的收视率。时隔多年后，它在天津卫视重播，竟然还能位居收视率排行第二位，焕发"第二春"。这部电视剧的名字是《宰相刘罗锅》。

又有这样一部电视剧，先后拍了 5 部，共 144 集，并且每部都有极高的收视率，其中第三部在 2000 年位居香港无线电视台"十大最受欢迎的剧集"之列，这是内地最早入选的电视剧。它的制作公司广东巨星影业有限公司甚至要以拍摄的集数之多申报吉尼斯世界纪录。这部电视剧的名字是《康熙微服私访记》。

还有这样一部电视剧，其第三部在北京电视台播出之际，曾创下北京电视台 2004 年的收视纪录，最后一周以 13.7％的收视率超过了《北京新闻》《法治进行时》《新闻联播》等王牌节目。这部电视剧的名字是《铁齿铜牙纪晓岚》。

那么这类电视剧吸引观众的魅力是什么呢？这成为我们要探讨的问题。

（一）电视戏说历史剧的界说

讨论问题，首先要正名。古人云"名不正则言不顺。"从 20 世纪 90 年代开始，人们对电视戏说历史剧的谈论一直没有停止，但是对于到底什么是电视戏说历史剧，则众说纷纭、莫衷一是。因此，在分析开始时，有必要先阐述一下本书对电视戏说历史剧的定位和界说。这是本书研究和探讨电视戏说历史剧的基础。

卡尔·波普尔（Karl Popper）认为："不可能有一部'真正如实表现过去'的历史，只能有各种历史的解释，而且没有一种解释是最后的解释，因此每一代人都有权利去做出自己的解释。"电视剧是一门艺术，严肃的历史题材一旦进入艺术的轨道，用艺术的手法去表现和虚构，难以避免地要留下"戏说历史"的种种痕迹。例如，《三国演义》是对史书《三国志》的"戏说"，《西游记》是对唐玄奘西域取经事迹的"戏说"。

刘和平认为，历史剧一词是个偏正结构，历史是定语，剧才是主语。在历史剧前冠以"戏说"二字，显然是为了强调这种电视剧的特点，与"正说历史剧"相区分。"戏说"的"戏"在这里指"戏剧"的"戏"，而非"游戏"的"戏"，它强调的是戏剧化的手法，《康熙微服私访记》《铁齿铜牙纪晓岚》的编剧邹静之和主演张国立都多次谈到"戏说"是戏剧之说。邹静之提到，好的古装戏一定要有丰富的想象力，而想象力的根基是历史的现实观照。写古装戏不必拘泥于具体的历史事件和服装道具，而一定要找到能够让当代观众认同、沟通的精神符号。创作上亦庄亦谐，庄谐结合。过庄过谐，都会失去一部分观众或失去一部分思想。邹静之把浪漫主义和人道主义结合在一起，丰富了古装剧的表现力。

那么，电视戏说历史剧的含义是什么呢？有人对电视戏说历史剧做了这样的概括，即"加历史的料，抒现实的情，说自己的话"。也有人说电视戏说历史剧是利用历史人物，借用历史场景的烘托，编造创作者心目中的故事。这些说法都很精练，亦有道理。

据此，我们对电视戏说历史剧做出这样的界说：电视戏说历史剧是指在尊重历史基本框架的前提下，超越乃至解构历史经验，野史、历史笔记、文艺作品、民间传说等都可以作为表现历史存在的因由和改编材料，全面进行艺术的想象和虚构，注重剧作的娱乐性，大量地从民间文化中吸取营养，并赋予其剧作一定的现实意义，使其成为创作者某种历史文化观念的合法载体，给观众提供一种解构以往历史理念的颠覆性快感，也使当代人日益严重的生存紧张感和压力感得以释放。总之，电视剧作为娱乐大众的艺术，无论是正说，还是戏说，都只代表电视剧在风格、样式等方面的差异。

（二）大陆电视戏说历史剧的兴起与发展

20 世纪 90 年代被很多学者认为是中国电视艺术的分水岭，标志着"中国电视剧进入多元化发展的新阶段"。20 世纪 80 年代，电视艺术形态体系才刚刚萌芽并初步发展。进入社会转型和人文变迁的 20 世纪 90 年代后，随着电视技术的突飞猛进和观众需求的提高，电视艺术逐渐走向成熟。这一时期的电视剧创作也更多地显露出其作为大众艺术样式的品行，遵循电视剧市场特定规律，向大众的、通俗的艺术定位逐步回归。电视戏说历史剧在这样的背景下兴起，并走上了蓬勃发展之路。在其兴起和发展的过程中，涌现了一批优秀的作品，它们提高了电视剧市场化水平，给观众留下了美好的回忆，至今仍为观众所津津乐道。

追溯大陆电视戏说历史剧的源头，却要从一部台湾的电视剧说起，那就是 1991 年台湾拍摄的《戏说乾隆》。这部电视剧当年在大陆播出时，红遍了大江南北。导演尤小刚在一次接受采访时说，如果没有《戏说乾隆》，《铁齿铜牙纪晓岚》《康熙微服私访记》也就不存在了。由此可见，《戏说乾隆》在大陆电视戏说历史剧兴起和发展过程中起到不可替代的作用。《戏说乾隆》被认为是电视戏说历史剧的开山鼻祖。

41 集电视连续剧《戏说乾隆》由《江南除霸》《西滇风云》《宫闱惊变》三部组成，是一部观赏性很强的集历史、武打、儿女情长、诙谐搞笑于一体的优秀作品。在中国历代帝王中，乾隆可以说是在民间传说中谈及较多的帝王。而《戏说乾隆》在当时可以说是较大规模的一次关于乾隆的介绍。该剧通过叙述具有高超武功的乾隆皇帝（"四爷"）三次微服出巡民间的游历，描述了他在探访市井民情、端正民风、整治贪官污吏过程中，邂逅女帮主、侠女和刺绣女后，演绎的几段爱情传奇故事，其间还表现了他的得意、烦恼与失意，从而突出了其平民意识。这部戏的男、女主演是香港著名影星郑少秋和赵雅芝，演员阵容颇强。他们二人在成功合作电视剧《楚留香传奇》后，再度携手饰演男、女主人公。郑少秋的风流倜傥、温文尔雅，赵雅芝的温柔婉约、端庄典雅，使全剧熠熠生辉。该剧在情景交融、默契自然之中，把郑少秋所扮演的乾隆皇帝与赵雅芝所扮演的三个不同身份的民间女子的感情纠葛刻画得淋漓尽致。好的电视剧要有好的剧本，该剧的编剧正是已故的著名编剧宋项如先生。他把此剧"戏说"得有声有色。在语言运用上，老到精巧、寓庄于谐，不仅听着合辙押韵，细品其中意思也是大有趣味。该剧在查阅大量有关乾隆传记、轶事及清史资料后，融入史书上的记载，却并不拘泥历史，并与现代生活结合，充满现代感，达到了古今交融、亦古亦今的效果。它展现的是帝王的日常生活和围绕在帝王身边那些充满人性及情趣的人与事，雅俗共赏、老少咸宜。

1996年，40集电视连续剧《宰相刘罗锅》在中央电视台播出。它是在《戏说乾隆》的启蒙下，挣脱束缚，彰显民间化、平民化特征的优秀之作。该剧播出时，红遍大江南北。

《宰相刘罗锅》叙述了乾隆年间宰相刘墉智慧、刚正、传奇的一生。刘墉，历史上确有其人，但背上没有罗锅，电视剧中把他写成罗锅，在他的形象上又添加了众多亦庄亦谐的元素。剧中清廉而滑稽的故事材料，多取自民间传说。长期以来，在北京、河北、天津、山东等地群众中流传着关于刘墉大量的色彩绚烂、妙趣横生的民间传说，其中的一部分传说经过了民间文艺（相声、评书、评剧）再创作和加工。其中，相声《君臣斗》（过去叫《满汉斗》）几乎家喻户晓。这部电视剧正是在传说中建立起来的，它因循近百来年老百姓对刘墉形象的基本定式，去塑造大众心目中理想的、栩栩如生的刘墉荧幕形象。刘墉的形象伴随"天地之间有杆秤，那秤砣是老百姓"的歌声深入民众的心。剧中塑造了刘墉刚直不阿、不畏权势、秉公执法、整肃吏治、打击腐败、体恤百姓、清正廉洁、为民请命的一代清官形象。同时，对作为刘墉反面的和珅这一贪官小人形象的塑造也甚为出彩。观众叹服于王刚将和珅这个角色演得如此逼真、惟妙惟肖，这也导致以后有关和珅的戏一部又一部地被推出。

此外，《宰相刘罗锅》环环相扣的故事情节、轻松诙谐的人物语言、插科打诨中加入的讽刺，以及以民为本的思想，也增添了该剧的魅力。该剧在1996年第14届大众电视金鹰奖中获得了最佳长篇连续剧奖。直到今天，仍然有人对《宰相刘罗锅》赞不绝口、念念不忘。依据它改编而成的同名京剧连台本戏也大受好评。虽然《宰相刘罗锅》中仍夹杂着不和谐的非戏说状态，但"青山遮不住，毕竟东流去"，作为大陆第一部成功的电视戏说历史剧，其意义重大，标志着大陆电视戏说历史剧的发端。它的成功使该剧的主要创作人员对这一种类的电视剧给予持续重视，促使其继续发展，才有了后面的《康熙微服私访记》系列、《铁齿铜牙纪晓岚》系列等电视戏说剧的陆续推出，大陆电视戏说历史剧之风由此吹起。

在《宰相刘罗锅》这股戏说之风吹拂下，1997年开始陆续推出《康熙微服私访记》及其四部续集（1999年第二部，2000年第三部，2002年第四部，2006年第五部）。该剧借古讽今，富有喜剧色彩，采用的是单元剧的形式，每部分几个单元讲故事，每个单元又独立成章（第一部分为《犁头记》《铜鼎记》《八宝粥记》《紫砂记》四个故事，第二部分为《馒头记》《霞帔记》《桂圆记》三个故事，第三部分为《食盒记》《锦袍记》《铃铛记》三个故事，第四部分为《金镖记》《绫罗记》《茶叶记》三个故事，第五部分为《铸钱记》《神童记》《火箭记》三个故事），讲述了清朝太平繁盛时期康熙皇帝民间微服私访的故事。其民间微服私访的情节，显然受到了《戏说乾隆》的影响。而《康熙微服私访记》系列又具有一些共同特点：亦庄亦谐、借古喻今、弘扬正义、鞭挞腐败。这些特点又继承了《宰相刘罗锅》的传统。

《康熙微服私访记》中的康熙比《宰相刘罗锅》中的乾隆更加地贴近民间，剧中的康熙几乎没有在皇宫中待过，活动的空间多是广大的民间社会。他回归到普通人，当了老百姓，亲身体验了生活在社会底层老百姓的酸甜苦辣，还险些搭上了自己的性命，但这些都没有妨碍他多次亲临民间，探听民间的冷暖，辗转于民间惩恶扬善、行侠仗义、扶持忠良，主持人间公道，为民除害的侠义之举。这样的皇帝正是千百年来民间社会广为流传的明君，是老百姓梦寐以求的理想皇帝的形象。

另外，《康熙微服私访记》的人物形象刻画得丰富生动，戏剧结构巧妙明快，风格诙谐得当，很好地抓住了人们希望惩恶扬善的心理，让观众获得了极大的心理满足。在其续集中，人物随着剧情的发展逐渐丰富起来，因此精彩度丝毫不亚于第一部。该剧播出后引起了极大反响，创造了收视神话。《康熙微服私访记》系列在港台备受重视，是香港无线电视台历史上罕有的外购剧，收视率高达40个点。

如果说《宰相刘罗锅》是大陆第一部成功的电视戏说历史剧，它标志着大陆电视戏说历史剧的发端，那么《康熙微服私访记》系列则掀起了大陆电视戏说历史剧的高潮。

2001 年春节开始播出的《铁齿铜牙纪晓岚》及其三部续集（2002 年第二部，2004 年第三部，2009 年第四部）可以说是继《康熙微服私访记》之后掀起了大陆电视戏说历史剧的又一波高潮。它在《康熙微服私访记》播出后再创收视奇迹，收视率高居不下。以第二部为例，其于 2002 年 11 月在北京电视台悄然开播，却在不经意间成了黄金档收视率新宠。据央视索福瑞的收视调查，续集首播时的收视率为 15.9%，市场占有率为 38.2%；而播出一周后，收视率迅速攀升到 26.6%，市场占有率竟高达 53.5%。该剧采用单元剧模式，制作精良、人物有内涵、对白生动有趣、故事情节紧张曲折，颇有新意。剧中插科打诨、针砭时弊、幽默逗乐兼而有之，是一部亦庄亦谐、亦喜亦悲的经典电视戏说历史剧。它名正言顺地打出"戏说"的招牌，主要是描写纪晓岚、和珅、乾隆三人之间的故事和冲突，塑造了才思敏捷、文采风华、刚直守正、秉公执法的大学士纪晓岚的清官形象，演绎了一幕幕令人或忍俊不禁或长吁短叹的悲喜故事。该剧中的纪晓岚比《宰相刘罗锅》中刘墉的个性更狂放自由、悠然自得，他更多地行走于江湖，结交三教九流的侠客义士（如杜小月、莫愁等），敢于和皇帝乾隆、重臣和珅针锋相对、斗智斗勇，挑战皇权，无所顾忌。如果说刘墉还拘泥于君臣礼仪和上下等级，那么到了纪晓岚这里，君臣界限不再明显，而是平安时可以互相嘲讽取笑、患难时互相体恤关怀，营造的是平等自由和君臣一家亲的理想氛围。

受上面这些优秀之作的影响，2003 年推出的《布衣天子》、2005 年推出的《少年宝亲王》等剧，在《康熙微服私访记》《铁齿铜牙纪晓岚》余热下取得了很不错的收视率。在上海文广新闻传媒集团（SMG）"2004 年度电视剧收视率排行榜"中，《布衣天子》名列第一。《布衣天子》讲的是乾隆皇帝为维护国家安定兴旺的局面，让和自己的名字谐音、长相外貌酷似自己、八面玲珑的江湖郎中洪立做自己的替身，让假皇帝洪立替自己处理朝政，真皇帝借此离开皇宫，于民间微服私访体察民情的故事。该剧具有机智的情节和幽默风趣、亦庄亦谐的风格。《少年宝亲王》的主角是青年时期的乾隆，讲述弘历与其弟弟弘昼之间围绕争夺皇权而发生的故事，生动有趣的故事中透露出浓浓的亲情。

二、电视戏说历史剧的民间内蕴及民间精神

古谚曰："生于民间，死于庙堂。"电视剧不应该脱离民间文化精神传统，民间文化形态理应成为电视剧创作赖以生存的土壤之一。优秀的电视戏说历史剧重视民间精神，充分尊重观众的传统欣赏习惯和电视剧的娱乐功能、好看原则，把目光投向市井生活，用民间道德标准去演绎历史中的人和事，其中的故事真正反映了民众的心声，获得了民众的喜爱。它浓厚的市井趣味和民间道德的感染力，在大众媒介娱乐功能和好看原则的作用下，凝聚成自由自在的生命力，使它拥有了众多的粉丝。以下对电视戏说历史剧的民间内蕴及其民间精神展开详细的论述。

（一）市井风情

对于市井风情的描摹，在中国民间文化传统中早已存在。市井是重要的民间文化范畴之一。中国古代的小说滥觞于民间话本，市井的民情风俗是小说家重要的描摹对象。《三言》《二拍》是搜集整理了大量民间白话小说编写而成的，里面的故事很多是展现当时的市井风情和市井小民的生活。而后来的长篇小说《三国演义》《水浒传》《西游记》《金瓶梅》等虽是文人加工创作，但融入了大量来自民间的文化与艺术因素，体现了市井文化和民间审美价值取向。其中，《金瓶梅》中描写的完全是市民日常生活场景，可以说是在《水浒传》故事的主干上生出的分枝，在市民趣味的支配下又被"演义"和"演绎"而成的。这充分反映了一般受众对世俗生活内容的兴趣。《金瓶梅》的重要意义在于它对市民生活情趣的生动细腻的表现，并由此标立了一种与主流教化式写作完全不同的、娱乐性和市民式的写作立场与叙事方式。电视戏说历史剧《宰相刘罗锅》《康熙微服私访记》《铁齿铜牙纪晓岚》中也不是在反映帝王本身，而是试图通过民间市井生活场景来关照民间文化传统——以民间自在的生活状态和普通民众的审美趣味为代表的文化传统。

这几部电视戏说历史剧从现代意识的角度对民间市井风情作了细致的反

映，剧中不只描写了皇帝（康熙、乾隆）、清官（刘墉、纪晓岚）、奸臣（和珅）的互相周旋、斗智斗勇等一系列的矛盾冲突的故事，也描写了盗匪传奇故事（如《康熙微服私访记》中的"我来也"）和三教九流、青楼红粉、茶馆酒肆等市井生活场景，体现出浓厚的市民趣味，展示出丰富多彩的市井文化记忆，构建了民间文化和民间审美理念的典范符码。《康熙微服私访记》中康熙带领众侍从活动在市井民间，结识了不少民间各色人物，他还亲自开粥铺，俨然成了市井中的一民。后来林风儿不习惯宫中生活，也在市井中开起了布店，以布店为窗口，展现了种种市井生活。开店的过程中，皇帝了解了市井民情，得知宫中大臣种种劣迹，便利用此机会摸清了内务府大臣上瞒下骗、欺压百姓、勾结黑道、官匪相通的罪行。皇帝大怒，杀无赦，为民除害、为官立训。其通过对市井平民场景的描述，将历史、现实、未来紧紧地联系在一起。胡智锋教授认为，历史剧创作不可能脱离时代精神、当代意识的渗透，借古喻今是历史剧存在的重要特征，观众在观看时能感觉到虽然故事发生在古代，人们穿着古代的服装，但却没有隔阂感，因为这些人经历的故事也都是现实生活中存在的，这类电视剧为观众拓展出一个公正、轻松、世俗、亲切的艺术世界。这几部剧不时借人物之口唱上几段民间戏曲，更增添了市井风情。《铁齿铜牙纪晓岚》第三部中小月出嫁后纪晓岚心情不佳、颇为失意，和珅来拜访时一上来就唱了一段戏文："嫁衣裳做好了，她嫁/别时对窗口，两人怕怕……"，故意把小月出嫁的场面描绘一番，让纪晓岚更为烦恼。这些戏文配上市井乡音，更显得亲切自然、酣畅活泼。在民间审美观念里，就连小叫花子等也没有讨人嫌恶，更多地体现着一种率真机灵和朴素自然，洋溢着一种生命的快乐。民俗、民情、人性水乳交融般融刻在一起，构建了一个自由自在、轻松愉快的审美世界。

（二）民间道德

民间传说、故事、曲艺等是人民群众千百年来的劳动实践和生活经验的智慧结晶，其中蕴含着丰富的民间传统道德和伦理观念的内容。例如，《水浒传》之所以受人喜爱，主要是由于读者在阅读中，从民间的非正统道德那里获得了一次极大的精神解放。电视戏说历史剧代表作品《宰相刘罗锅》《康熙微服私访记》《铁齿铜牙纪晓岚》继承和发扬了这种民间传统的道德模式，对人物评判较多地使用了民间的道德尺度。民间道德中蕴含朴素、善良、正义的因素，较多地遵循着人性法则，通过其来维系人与人平等自由相处。民间的道德内涵是复杂的，舍生取义、肝胆相照、忠奸对立、善恶报应、富贵忘旧、见利忘义等都是民间最常见和最典范的道德评判模式。民间的理想不是外在于现实生活的理想，而是同百姓日常生活中所表现出来的乐观主义和对苦难的深刻理解联系在一起的。真正的民间道德是穷人在承受和抵抗苦难命运时所表现的正义、勇敢、乐观和富有仁爱的同情心，是普通人在寻求自由、争取自由过程中所表现的开朗、健康、热烈和强烈的生命力。

存在于戏说剧中的主要是民间文化价值观，如惩恶扬善、好人好报、恶人恶报，以及"因果报应"和"大团圆"等朴素观念等。并且，请古人"出场"，演说当今时事，价值传统与"时代特色"融为一体，在寓教于乐中引发观众的沉思。《宰相刘罗锅》《康熙微服私访记》《铁齿铜牙纪晓岚》中在描述康熙、乾隆两位皇帝与大臣、侍从的关系时，没有单纯使用"庙堂"的基本道德尺度"忠"，剧中的清官像刘墉、纪晓岚不是以忠于皇帝为最高准则，不以皇帝言行为真理，当忠君与爱民、忠君与爱国发生矛盾时，他们对皇帝不是唯命是从，而是据理力争，维护人民和国家利益，贯彻"民为贵、社稷次之、君为轻"的民本思想，以民为本，忠于的是广大老百姓。例如，《宰相刘罗锅》中江淮受灾，颗粒无收，灾民挨饿，饥荒遍野，乾隆皇帝却要在这时耗资八百万两白银修建一座寺庙。刘墉数次进言，劝阻皇帝不要修建寺庙，惹得龙颜大怒，被降了官职、摘了顶戴花翎。但他还是直言要先救灾民、不能修建寺庙，于是皇帝又让他脱掉朝服，要将他革职、逐出京城，但他依然劝皇帝要以民生为本，救民于水火之中。

这类剧中也不再简单标榜封建等级制道德，而是着意表达平等的"四海之内皆兄弟也"的民间道德。在民间道德视域中，剧中着力淡化君臣主仆的关系，更倾向于朋友兄弟般的情义。例如，《康熙微服私访记》中康熙和他的侍从三德子、法印、小桃红在私访民间遇到危难时互相扶持帮助，主仆关系不再明显，更多体现出一种朋友间的关爱；《铁齿铜牙纪晓岚》中乾隆和纪晓岚的君臣关系也有这样的倾向。再如，《宰相刘罗锅》中有这样一幕：刘墉和皇帝乾隆一起洗澡并互搓背。刘墉说："现在我们都一丝不挂，这里没有皇上，也没有草民，我和你是平等的。"皇帝乾隆说："是啊。"在这类电视剧中，观众感受到的不是君臣主仆关系，而是朋友般的相知关怀，是平等意识的彰显，赞美的也非原来传统教义上的纲常伦理了。这些民间道德具有永恒魅力，虽时过境迁，但依然能让读者产生情感上的共鸣，调动观众的兴奋点，获得观影的乐趣。

这类剧中表现的忠奸对立、善恶报应等民间道德模式，也能使读者获得一种精神释放。在善恶的对立中，让为恶之人受到捉弄。例如，《宰相刘罗锅》中和珅就是奸臣、小人的代表，他在和刘墉的智斗中总是吃尽苦头、狼狈不堪、丑态百出，最后被关进大牢处死。而作为民意代表的刘墉全身而退、颐养天年。结局皆大欢喜，体现了"大团圆"的朴素观念。再如，《康熙微服私访记》中那些贪官污吏不管开始如何嚣张跋扈，最后都是被绳之以法的下场，正应和了好人有好报、坏人遭厄运受惩罚的朴素的民间道德。这样处理，能强化电视剧的民间道德与美学倾向，让观众感受到正义必将战胜邪恶，从而获得心理的宣泄和愉悦。

（三）自由自在的世俗生命精神

电视戏说历史剧的民间精神是指以民间文化及其传统为创作基础，融时代精神和创作者审美理想所形成的一种审美底蕴和价值取向。我们熟知的自由概念是由西方政治学和社会学强调的"freedom"的翻译而来的。但是此处说的自由，不是西方传统学术意义上的确切含义，而是东方古典意义上的基本含义。在东方古典意义上，自由自在的大概意思是按照自己的意愿行事，不受他人的约束。在陈思和的"民间文化空间"里洋溢着自由自在的美学品格。"自由自在"是作为民间社会主体的农民的生活状态和生命理想的最精练和准确的写照。对此，王光东有精彩的分析："自由自在"既包含生命的自由渴望，又包含民间生存的自在逻辑。自由自在的精神风貌之中蕴含民间的精神元气。陈思和指出，"民间的传统意味着人类原始的生命力紧紧拥抱生活本身的过程，由此迸发出对生活的爱和憎、对人生欲望的追求，这是任何说教都无法规范、任何政治条律都无法约束，甚至连文明、进步、美这样一些抽象概念也无法涵盖的自由自在"，"民间真正的文化价值就在于对生命自由的向往与追求"。陈思和还认为，"在一个生命力普遍受到压抑的文明社会里，这种境界的最高表现形态只能是审美的"。电视戏说历史剧所展现的自由自在的民间生命精神，正是这样一种审美意义下的文化镜像。当下自由开放宽松的文化语境中，民间自由自在的生命精神已不是纯审美意义的，而是表现为现实性的世俗生命狂欢。这种民间的狂欢性质率真自然、插科打诨，体现出本真人性。

这种自由自在的世俗生命精神，在电视戏说历史剧中表现出一定的风貌和意义。其一，逍遥民间行。在这类戏说历史剧中，皇帝不再高高地端坐于"庙堂"之上，天天端坐于"庙堂"对剧中的皇帝来说是难耐和压抑的，他们不愿意像笼中的小鸟一样被约束在宫殿中，而更愿意亲自去民间体察民情民风，去和贪官污吏面对面地斗智斗勇，因此他更多的是率领众亲信大臣、侍从，以普通百姓的身份游历于民间社会市井之中。一边是潇洒自在地游览大好河山，观赏湖光山色，体验市井的新鲜、民风的淳朴，君臣一路行来，你一言我一语，互相调侃，无拘无束，使得民间之行不乏轻松愉快；一边也在行走民间过程中体验到各种或新奇或艰辛或危险的大事小事，但都逢凶化吉、平安脱险。例如，《铁齿铜牙纪晓岚》中纪晓岚、和珅经常陪乾隆到皇宫外微服游历，在外出游历过程中总能遇到些新奇的事，再加上君臣三人互相斗嘴、调侃、戏谑，好不逍遥自在。再如，《宰相刘罗锅》中刘墉随同乾隆去山西私访，却碰到了和乾隆长得一模一样的假乾隆皇帝，真假难辨，闹到公堂之上，真假皇帝都争说自己是真的，靠着刘墉的智慧才辨明真假，真皇帝得救、假皇帝被正法。其二，抱打不平事。自由自在的世俗生命精神体现在对社会种种不合理的黑暗现象的揭露和反抗上。电视剧《宰相刘罗锅》《康熙微服私访记》《铁齿铜牙纪晓岚》中反映了很多社会的黑暗面和不平事（如官吏的贪赃枉法，恶霸横行乡里、鱼肉百姓，奸商坑蒙拐骗等），而皇帝带领其亲信大臣和侍从在市井私访中，遇到不平事决不姑息纵容，费尽周折也要一查到底，将贪官污吏、恶霸一网打尽，解决百姓的疾苦。例如，《康熙微服私访记》中康熙为了让百姓安居乐业，私访民间，哪怕是吃苦受累（如扮乞丐、做苦力等），也要把真相大白于天下，为民讨公道。他杀贪官，即使是皇亲国戚也不手软；除恶霸，即使恶霸手里有皇帝赐的免死牌也不能幸免；惩治奸商，假药案中制售假药的平四海被绳之以法。其三，红颜知己情。皇帝虽有三宫六院，嫔妃无数，但在行走江湖抱打不平事时，也看上了不少民间女子，上演了一段段缠绵悱恻的俗世之爱。《康熙微服私访记》中，康熙每次私访过程中总能得到美丽善良侠义的女子相助，在同心协力除恶扬善过程中，自然而然地情愫暗生，享受世俗的儿女情长，他对这些女子爱得真，这些女子也都对他情深义重。例如，《犁头记》中，康熙在处理罗世长税粮案时，结识了罗世长的女儿罗锦红，锦红侠义心肠，帮康熙查办了索额图、洪原道等人，还了罗世长的清白，后来罗锦红被康熙带进宫中封为红妃；《紫砂记》中，康熙相中彩云，两人情意绵绵；《桂圆记》中，康熙又看上了岳清儿；《八宝粥记》中，云巧主动向康熙表白心迹，后来为保护康熙，不惜用身体护住康熙，不幸被毒箭射中身亡……

这种自由自在的世俗生命精神，还体现在一些女性形象上，如《铁齿铜牙纪晓岚》中的杜小月。她不仅率真、开朗、豪爽、活泼、充满个性，而且在感情上不受任何世俗规则的束缚，即使祝君豪出身低贱、无权无势、一贫如洗，她也对祝君豪情深义重。她大胆追求内心向往的生活方式，尽情地释放生命激情，舒展鲜活、自由的生命灵性。这种热情奔放的生活方式，真正获得了民间自由精神的滋润，显现出强大的生命活力。

（四）秉承大众传媒娱乐功能和娱乐规律的好看原则，融入故事性、喜剧性、传奇性因素

电视作为大众传媒的重要组成部分，必然具有大众传媒的各项功能。1959年，社会学家 C. R. 赖特在《大众传播——功能的探讨》中，对 H. 拉斯韦尔的"媒介三大社会功能说"做出了重要的补充，增加了一项新的功能——提供娱乐。电视媒介特有的"声画一体"的特点，使人们的听觉和视觉功能得到最大限度的延伸，成为人们寻求娱乐的重要大众传播媒介。

电视剧以现代化的电视传媒为载体，是电视媒体重要的节目形式，是一种依靠电视媒介传播的大众文化产品，其社会功能也与电视媒介本身具有高度的一致性，即提供娱乐的功能。丹尼斯·麦奎尔（Denis McQuail）等人通过对电视节目的调查，分析了各类节目提供"满足"的不同特点，认为电视节目，特别是电视剧，可以提供消遣和娱乐，能够帮助人们"逃避"日常生活的压力和负担，带来情绪上的释放和解脱感。我国著名影视学者尹鸿也指出："20世纪 80 年代是中国电视剧从舆论宣传工具向大众传媒形式转化的开始，许多观众和部分电视制作生产者已经自觉或者不自觉地意识到电视剧是一种可以寄托现实梦想和宣泄心理欲望的娱乐叙事形式。"电视剧的这一功能和中国民间

传统文艺注重消遣和娱乐的传统不谋而合。

中国有肥沃的民间文学土壤，在电影、电视剧出现之前，有深厚影响力的各种民间通俗文艺，中国古代传统通俗文艺重视将故事性、喜剧性、传奇性因素融入其创作作品，注重其作品的消遣和娱乐。中国民众千百年来受到民间文艺重视故事性、喜剧性、传奇性因素和消遣与娱乐传统的熏陶，自然形成了喜爱具有此类传统艺术作品的比较稳定的民族审美文化心理，所以，当电视剧这种文艺形式发展起来之后，其许多方面正契合了观众的这种审美文化心理。具有代表性的一些电视戏说历史剧更是很好地做到了这一点。

以《宰相刘罗锅》《康熙微服私访记》《铁齿铜牙纪晓岚》为代表的电视戏说历史剧都讲究讲故事，故事要说得好听、演得让人爱看，娓娓道来的故事中包含了丰富的喜剧性和传奇性因素。《宰相刘罗锅》中刘墉有着充满传奇色彩的一生，传奇性体现在他身上发生的故事，而他的人生经历就是在这环环相扣的故事中展现的。该剧一开始是刘墉进京赶考，还没考试却先通过下棋赢了个如花似玉的美人，这个美人还大有来头，是王爷的女儿。这样传奇性的故事一开始就吊起了观众的胃口。刘墉官至一品时，由于直言不讳，惹得龙颜不悦，被一贬再贬，最后贬成了城门的小看守官。当观众看到他们一家人连饭都吃不饱时，不禁为他着急，期待奇迹降临。果不其然，皇帝感念刘墉为官为人清廉智慧，让其官复原职，直升数品。这一伏一起，让观众先是叹息官难当，而后又转忧为乐，替刘墉松了一口气。这类故事在现实中一般不可能发生，可是它在故事里可以成立，传奇性为故事添色不少，让观众不自觉地沉浸在故事中。

电视戏说历史剧经常采用幽默、滑稽、戏闹的传统喜剧形态，用类似小品的通俗样式来讲故事，体现喜剧性因素，达到较好的喜剧效果。以《宰相刘罗锅》为例，和珅为了陷害刘墉，故意把刘墉向皇帝讨要的赈灾款多拨了 1 万两，并亲自和两位王爷一起送到刘墉家。刘墉早有防备，先让家人拿来破旧缺腿的桌椅让和珅和两位王爷坐，两位王爷一坐摔了个不轻，又拿来用茶叶末儿泡的茶水让三人解渴。刘墉查点银两时发现多了 1 万两，即刻进宫去面见皇帝报明实情，走时让家人把三人锁在屋里，任凭他们怎么喊闹都不开门。三个高高在上的权贵洋相百出、丑态毕露。而刘墉在皇帝那里又为赈灾多赢得了 1 万两银两。这个故事让观众一方面赞叹刘墉的机智多谋，另一方面在故事营造的喜剧氛围中得到了娱乐，将百姓在现实境遇中所遭受到的种种无奈、困惑、烦扰都化作开怀一笑。

电视戏说历史剧还通过一些具有喜剧感人物的滑稽幽默的言行使观众得到放松。例如，和珅是个丑角，他的言行举止具有很强的喜剧效果。《宰相刘罗锅》中的六王爷也具有很浓的喜剧味道，他机智有谋，对事情看得清楚透彻，但在外面却总是装疯卖傻、装聋作哑、天天醉醺醺（不醉也装醉）。乾隆看上了他的女儿，找他进宫提亲，他知道实情后，开始借酒劲装糊涂。

> 皇帝说："六王，昨天又喝过了头？"
> 六王爷说："二锅头，皇上，老臣就爱喝二锅头，有劲儿。"
> 皇帝说："你啊，给我装聋。"
> 六王爷说："状元红，皇上，状元红没劲儿，没劲儿，它倒是不上头。"
> 皇帝说："跟酒较上劲儿了，你真是聋子。"
> 六王爷说："皇上，红梓不是酒，那是鸟。红梓，蓝箭壳，紫紫哼（音译）那，那都是上品，皇上，那可真是好玩啊。"
> 皇帝说（面带不悦）："我问你们家格格。"
> 六王爷说："喝，还喝啊，老臣实在是不能再喝了。"

这段精彩的对白喜剧性十足，六王爷颠三倒四地装聋卖糊涂，乾隆没辙了，只好让他退下，提亲的事也只好作罢。这些因素的融合运用使这类电视剧变得好看，观众也喜欢看。

这几部有代表性的电视戏说历史剧遵循了大众娱乐消费规律的好看原则，与受众之间有着一种自然紧密的联系，它不要求观众去适应它，而是主动去迎合观众，观众从中得到的是一种形式化的愉悦，满足了其娱乐性、休闲性的需要。市场是充满竞争的，但精品不愁没有市场，精品电视剧有着广阔的市场空间。好剧会供不应求，被各家电视台争相购买，其创作和投资收益都非常丰厚，也满足了创作的电视剧好看才好卖，进而有好利润的需求。

三、电视戏说历史剧叙事的民间化表达

本部分分别从民间的人物形象塑造、民间的话语形式、民间的叙事结构三个方面来分析电视戏说历史剧叙事的民间化表达。

（一）民间的人物形象塑造

中国古代民众心中有"四梦"（明君梦、清官梦、侠客梦、新女性梦）。这是因为社会中不公平、不公正的事情较多，面对这些不公平和不公正，人们感到自己是那样渺小和无助，导致人们很容易幻想救世主，或明君，或清官，或武功超群、行侠仗义的侠客，希望他们能出来主持公道、伸张正义、为民除害。电视剧作为日常生活中直接与观众产生交流的艺术传媒，电视剧人物形象的塑造便成了传达社会精神、文化观念与满足观众心理、审美需求的重要渠道与符码。随着 20 世纪 90 年代初以来电视剧制作的不断成熟，以及对电视剧审美和娱乐功能的注重，电视剧的人物形象塑造也显得更为重要。电视戏说历史剧作为深受观众喜欢的电视剧类型，为观众营造了符合其理想的视觉乌托邦。

1. 明君

几千年源远流长、丰富多彩的中国传统文化中不乏对明君的记载和描写，而民间社会中更是流传着诸多明君的逸闻趣事，如康乾盛世中有名的一代明君乾隆，在我国是一个家喻户晓、充满传奇色彩的皇帝，民间流传着很多关于他的逸闻趣味。例如，说乾隆并非雍正帝胤禛的亲生儿子，而是浙江海宁陈阁老之子，其母亦非满洲格格孝圣宪皇后钮祜禄氏，而是民间的一位汉女；说其六下江南的风流韵事和奇谈异闻；等等。时至今日，关于明君的各种故事和传说，仍然通过各种现代化的传播媒介流传着。电视剧就是其中的一种方式。

电视戏说历史剧《康熙微服私访记》《铁齿铜牙纪晓岚》等为观众塑造了康熙、乾隆一代明君的形象，他们身上都具有明君的共同的特点：仁德温厚、勤政爱民、整顿吏治、打击腐败，有济世情怀，有知人之明，尊贤礼士。同时这类电视剧中着力塑造的是不同于中国古代文学中那些正襟危坐、高高在上、威严庄重的皇帝形象，也不过多地着墨于皇帝的丰功伟绩，而是塑造了平民化

的明君，其形象具有民间气息。他们都是主动走进民间，和老百姓打成一片，甚至自己也放下皇帝的身份，做了老百姓中的一员。他们亲自在民间体验百姓的悲喜哀乐、酸甜苦辣，凭借个人的智慧和才能为百姓排忧解难，只有在关键时候才不得不亮出自己皇帝的身份。他们对百姓的帮助不是施舍式的，而是平等的朋友般的，因而更贴近老百姓理想的明君形象。

《康熙微服私访记》中塑造的康熙皇帝是这类明君形象的代表，是带有侠的精神的明君。他微服私访于民间，为了为民除害、惩恶扬善，便放下身份当起了普通老百姓。他扮过乞丐、当过小商贩、掌勺卖过八宝粥、装过街头混混、被关过监狱……第一部《犁头记》中康熙为查清罗世长私分库中税粮一事，扮成乞丐，在街头和其他乞丐抢窝头吃，混在丐帮里时身上也长了虱子。通过他亲自暗中调查，最终使真相大白，查办索额图、洪原道等贪官，为清官罗世长平了反。第二部《霞帔记》中国舅买官卖官，无恶不作，康熙不惜重金买了五天的知府，与赃官斗法，不讲情面地断了国舅的裙带关系，为民除了大害。第四部《茶叶记》中康熙扮成茶商，摸清黑势力勾结官府、控制茶市的底细，并亲自上阵杀黑扫恶。《康熙微服私访记》让观众看了欲罢不能，圆了观众心中关于明君的一个美好梦想。

2. 清官

"清官"一词来自民间，以清廉、清明、清正为内涵，受到民间文学的一定影响。清官信仰，是中国传统的一种民间信仰。清官是民间社会的百姓为自己创造的理想官吏，他们都具备清正廉洁、公正无私、不畏权贵的道德品质。包拯、海瑞等清官的故事经过很多年，仍然在中国民间社会广泛持久地流传着。

电视戏说历史剧中也为观众塑造了不少理想化的清官形象，如《宰相刘罗锅》中的刘墉、《铁齿铜牙纪晓岚》中的纪晓岚，这些清官身上具有一些不同于古清官戏中清官的新特质。清官的"新"体现在这些人物形象已从传统清官戏中单一、扁平的清廉角色和一种理念的化身中衍化出来，从旧清官戏只关注断案、惩恶的狭隘视野中走出来，他们既正义、智慧、清廉，又幽默风趣，具有现实感、人情味和多方面的才艺才干。例如，刘墉、纪晓岚都是琴棋书画无所不通、天文地理无所不晓，他们和身边的侍从平等相待、亲如家人。

《宰相刘罗锅》以清廉刚正的刘墉与贪财弄权的和珅斗法为主线，但剧中的刘墉已不再像旧清官戏那样，充当纲纪的维护者与法纪的执行者。他不再完全倚仗皇帝的权威来惩治贪吏，没有什么尚方宝剑来护驾，而是凭着自己的智慧，与作为最高权力拥有者的皇帝和拥有皇帝更多偏爱的和珅周旋。他巧施计谋，利用矛盾，一次次揭穿和珅诡计，化解了和珅对自己的诬陷，阻挠和珅的恶行。剧中有这样一个故事情节：刘墉被皇帝罢官后故意叫侍从找人打造二十只大木箱子，且招摇过市抬回家，散布自己要用箱子装细软回山东老家的消息；和珅派侍从打探到刘墉装了二十箱黄金回老家，以为抓到了刘墉的把柄，可以治他于死地，急忙进宫告知皇帝；皇帝甚为惊讶，素来认为刘墉是清官，没想到贪这么多黄金，即令和珅在刘墉出城之际截住；和珅在刘墉出城当晚截住他，没收他装黄金的大木箱子；翌日，刘墉被押到皇帝面前，和珅当着皇帝的面打开箱子，发现里面没有黄金，而是砖头。刘墉这时机智地指出，自己箱子里装的就是黄金，黄金被和大人偷换掉了。由于箱子一直在和珅处保管，和珅有口难辩，最后不得不从自己的口袋里掏出相同数量的黄金赔偿刘墉。刘墉用这些黄金去救济了灾民。剧中还有很多类似充满智慧的故事。从这些故事中，观众不只是获得好人得救、坏人正法的快感，更是在一连串的智斗中欣赏到刘墉的才智。

从这些电视剧中能看到清官的精神风貌，不止于清廉如水、机智聪明，他们不惜丢掉乌纱帽，毁了自己的锦绣前程，甚至不惜牺牲性命，也要和贪官污吏、豪强权贵抗争；更有甚者，则敢于犯颜直谏，抨击皇帝的错误或荒唐的行为。刘墉敢参皇帝一本，让皇帝自我流放，就是为了让皇帝亲自去山西查办贪官。刘墉冒着掉脑袋的危险这么做，勇气非常人所有。《铁齿铜牙纪晓岚》中的纪晓岚也是如此。这些清官形象凝聚着普通民众所期望的、现实中又没有的理想化人格特征，喊出了百姓的心声，引起了观众的共鸣。

3. 侠客

千古民间侠客梦，民间大众有一种根深蒂固的侠客情结。侠客情结基本上属民间文化的范畴，侠客崇拜是一种民间心态的反映。侠义行道在古代就受到民众的青睐，在当今，侠客行侠仗义、扶弱济贫、打抱不平等品质也成为观众要求伸张正义的社会冲动的宣泄渠道，体现了侠义传统的一种传承。侠客情结作为一种特殊的精神元素，已经积淀成自古以来中国人的一种民族的文化心理和文化精神。这种心理和精神在中国社会生活中弥久不衰，并渗透于中国文化的方方面面，进入中国文化的深层结构。电视戏说历史剧的通俗性质，使它具备了更多的民间性和大众性，以《康熙微服私访记》《铁齿铜牙纪晓岚》为代表的电视戏说历史剧中不乏侠客的光辉形象（如杜小月、莫愁、林风儿等），这迎合了观众的侠客情结，体现了人物形象塑造的民间化趋势。

杜小月、莫愁、林风儿代表的是具有民间文化色彩的侠义气概和侠义性格。他们是为民请命和伸张正义的象征。在这类电视剧中，侠客不是单独游走于江湖行侠仗义，而是辅助清官明君、反奸臣保清官，和清官一起为百姓惩恶扬善、排忧解难，这与清末侠义小说《三侠五义》《七剑十三侠》等中的侠客与清官合流，辅佐清官断案的描写非常接近。杜小月、莫愁、林风儿都出身民间，都有"救人于厄困，振人于不赡""路见不平，拔刀相助"的侠客行为，为弱者拔刀相助，为长者奔走效劳，为爱人、朋友、知遇之恩、一言之诺，无不可以出生入死，心胸坦荡，光明磊落，毫不做作。《铁齿铜牙纪晓岚》中的杜小月原是戏班的"台柱子"，没有什么文化，有一身武功，虽身为女子却心中有侠义，无视等级制度，不畏权贵，敢作敢为，是这类电视剧中侠客的代表。莫愁为保护一册账簿被官兵抓捕，杜小月不畏官兵女扮男装冒死为莫愁申冤。为了帮莫愁，甚至连皇帝也不放过。莫愁、杜小月以舞狮做掩护，将纪晓岚、"许仙"（皇帝）劫为人质。杜小月、莫愁跟随纪晓岚惩处贪官污吏，对于官位甚高的和珅也不惧怕，经常教训和珅。在去边疆应敌时，二人更是好好教训了一顿肆意摆谱的和珅，使其莫名其妙地被逮入监狱，吃尽了苦头。《康熙微服私访记》中的林风儿直接以女侠的形象出现，入宫做妃子之前，在接镖保镖过程中，她处处彰显出侠女的作风和气派。

这类电视剧中武艺高强的侠客和他们所辅佐的清官，映照了民众心中明君、清官和侠客能携手为民除害、为民造福的理想之梦，是一种社会理想的物化。观众在这类艺术的形象中寄托了理想，获得了某种宣泄和替代性满足。

4. 新女性

艺术永远垂青于人类两性世界，女性形象是艺术永恒的内容。中国民间传统文艺作品中有很多熠熠生辉的女性形象：孟姜女哭倒象征权力的长城；花木兰代父从军；祝英台女扮男装去求学，为了和梁山伯的真挚的爱，宁死不嫁作他人妻；红娘不惧老夫人，为张生和莺莺的爱情穿针引线，莺莺毅然和张生私会……她们敢于反抗"三纲五常"，大胆地追求爱、个性和自由，具有那个时代女性很难具有的思想观念、个性特征、行为方式。她们相对所在时代的女性而言，都是新女性。

电视戏说历史剧的代表作品《宰相刘罗锅》《康熙微服私访记》《铁齿铜牙纪晓岚》在创作上积极吸取民间艺术的精华，在对女性形象的塑造上不墨守成规，塑造了像刘夫人、杜小月这样的不是传统妇德意义上具有温婉柔顺气质的新女性形象。

刘夫人在《宰相刘罗锅》中是一个很有光彩的女性形象，她泼辣、机敏、善良、随遇而安……她的泼辣劲儿在一定程度上可以说是中国民间文学的快嘴李翠莲的性格翻版：大胆泼辣，无所顾忌。她身上有女性的诸多美德，还有很多"新"东西。"新"表现在故事发生在清代，她虽贵为格格，却不是"养在深闺人未识"，而是棋艺精湛，还有自己的棋馆。在爱情选择上，她追求的是"在天愿作比翼鸟，在地愿为连理枝"。真挚不渝的爱情，是平等基础上的互爱，是志趣相投和德行高洁。当"一朝选在君王侧"的机会来临时，她的选择不是接受很多女人梦寐以求的皇帝的垂青，而是自作主张通过手谈择婿的方式为自己找一个情投意合的郎君。这时刘墉出现且下棋赢了她，她虽不满意刘墉驼背且其貌不扬，但是还是赞赏他的才华和人品，毅然嫁给了他。这种结合不同于容貌上互相吸引的才子佳人式的恋爱，而是才能和志趣的相投。在婚姻中，她能自如地驾驭个人和家庭的生活，不盲目顺从丈夫，在婚姻和家庭生活中享有平等的地位，并凭自己的才智经常为丈夫出谋划策，提醒和纠正丈夫的错误。当皇帝恶作剧般地送她的丈夫两名宫女时，她知道后，不管什么君臣礼仪，大闹皇宫，斥责皇帝，责骂丈夫，丝毫不顾忌皇权威严，宁可冒犯皇帝、性命不保，也要维护自己的婚姻。

《铁齿铜牙纪晓岚》中的杜小月既有刘夫人的泼辣劲儿，还有少女的单纯、直率、活泼、开朗和大大咧咧的性格。放在那个历史年代中看杜小月，她不仅有着和同时代其他女性相同的美丽、善良、正直、聪慧，而且有着她们普遍缺乏的泼辣倔强、俏皮幽默。她欢快活泼、伶牙俐齿、才思敏捷，只要有她在的地方，空气里便洋溢着生机和欢快。与刘夫人不同的是，杜小月来自民间，因此身上有着一股民间的侠气和正气，没有礼教的束缚，不畏权贵，敢于伸张正义、明辨是非，对和珅百般戏弄，叫他"和胖子"；她痛恨贪官污吏，对他们决不手软；她几乎没有权势观念，有的是平等的意识，虽为纪晓岚的侍从，却从不自感卑贱，奉纪晓岚为良师益友。在爱情上，她敢于主动追求真爱，不在乎门第高低和财产多少，即使是权臣和珅的儿子，也不为所动。杜小月的性格不由让人想起民间戏曲说唱艺术中的婴宁，其性格塑造在一定程度上受到了婴宁等民间戏曲说唱中人物的影响。《康熙微服私访记》中包括宜妃在内的女性形象也闪烁着动人的光辉，她们的所思所想、所作所为无不体现着民间传说中那些至今仍为民众所赞美的女性的某些相似的特征，正是这些女性形象的魅力，为该类电视剧赢得了更多的观众和掌声。

（二）民间的话语形式

电视剧艺术的一个重要特色是具有独特的语言符号系统。好的故事情节只有和特殊的语言符号有机地联系起来，达到视听的美妙结合，才能称得上是优秀的电视剧，才能强烈地吸引观众，观众也才会觉得好看并爱看。优秀的电视戏说历史剧很好地做到了这一点，在曲折跌宕的故事情节或缓或急地进行中，展现出的独特的民间话语形式，让观众在收看过程中，不仅眼睛离不开屏幕，而且耳朵也不敢"闲"下来，生怕错过了精练、生动而富于表现力的语言。这种民间的话语形式包括话语的地域特色、诙谐幽默的话语风格等方面。

1. 话语的地域特色

电视剧的创作者凭借自己的经验和所受的特定地域文化的熏染，自觉地去追求和捕捉能够传递地域文化气息和神韵的语言，创造出某一特定地域色彩的文化语境，让观众在特定的语义、语调、语态中感受到特定地域独特性、整体性的文化氛围。《宰相刘罗锅》《康熙微服私访记》《铁齿铜牙纪晓岚》等的话语地域特色主要是人物语言，特别是在人物的对话语言中字里行间渗透出浓浓的京味，总是透着一股鲜活劲儿，充满生命力。北京方言在该类电视剧的使用中，透出浓郁的京味文化风格。语言是文化的一种外在表现，北京方言的运用自然而然地在观众面前展示出北京的文化生活背景，把观众带到了独特的皇城根儿下的生活。特别是《铁齿铜牙纪晓岚》中使用了比较地道的北京方言、京腔京调，如北京方言中的儿化音（今儿个儿、昨儿个儿、好么秧儿等）。通过北京方言，很自然地将北京文化一点一滴地渗透到或喜或悲、一波三折的故事情节。北京人特有的机智、幽默，也通过人物的语言得到淋漓尽致地展现。同时，人物的性格和心理也在具有浓郁的京味风格对话中恰当地凸现出来。在充满京味的对话中，展现了纪晓岚的爽直睿智与和珅的圆滑世故。

电视戏说历史剧中还运用了大量的谚语、歇后语、俗语、俚语和山歌等多为地区口头流传的民间语言和文学样式，具有顽强的生命力。其中民间语言的创造性运用提升了创作的品位与价值，如"青皮"指泼皮耍赖，"爹死娘嫁人，各人顾各人""耳听为虚，眼见为实""不入虎穴，焉得虎子""死马当成活马医""丑媳妇怕见公婆""宰相肚里能撑船""吃人嘴软，拿人手短""麻雀飞上枝头变凤凰""高山上盖庙还嫌低，面对面坐着还想你"等这样的语言在此类电视剧中比比皆是。这种民间语言在人物对话中的灵活运用，使人物语言俏皮通俗，增添了剧情的趣味性，更加贴近民间百姓的日常生活。

从话语中的真实地名、地方传说和历史事件等方面也能表现出地域特色。地名是地域特色的象征性符号，对涉及地域事项的叙事范围和性质等起到规定和暗示作用。例如，电视戏说历史剧中会提到北京的一些地名（如大栅栏、琉璃厂等）。《铁齿铜牙纪晓岚》中有一个故事说的是和珅为儿子丰绅殷德、三姑了祝君豪，都去向杜小月提亲，丰绅殷德和祝君豪为了杜小月比试了起来，和珅提议说："这儿是琉璃厂，这样吧，你们两人都去找一样东西，送给小月姑娘当聘礼，谁的聘礼最贵，就为胜者。"熟悉北京文化的观众听到琉璃厂，自然就会想到它是北京一条著名的古老的文化街。玻璃厂源于清代乾隆年间，这里的街道两边是鳞次栉比的古玩店、字画店和令人目眩神摇的文化珍奇，是集中体现古都风采的代表性地域，具有浓郁的北京文化氛围。剧中使用真实地名，强化了作品的地域性历史文化内涵。

2. 诙谐幽默的话语风格

中国的民间从来都不缺乏幽默感，民间自由奔放的幽默语言传统源远流长，一直没有被淹没。在中国丰富多彩的民间艺术中，蕴含众多诙谐幽默的成分。在中国古代小说史上，具有诙谐幽默意味的作品并不少见，如《西游记》。《新刻出像官板大字西游记》中陈元之序就曾赞其为"意近滑稽之雄"。《新刻出像官板大字西游记》就全书而言，文风诙谐，多为谐词。这种谐词不仅是一种轻松活泼的情调，而且渗透着异常浓烈的调侃性和戏谑性，为全书营造了特有的滑稽、风趣、诙谐的氛围。

《宰相刘罗锅》《康熙微服私访记》《铁齿铜牙纪晓岚》等从民间相声、民间传说故事、民间说唱艺术等各种民间艺术形式中借鉴诙谐幽默的元素，使得故事更加生动有趣、精彩纷呈。诙谐的语言常常是幽默滑稽的，由通俗的道白或一些夸张的动作表现出来，显得自然真实，给人以轻松的艺术享受。这类电视剧中的诙谐幽默常常透着一股机灵劲儿，并不特别张扬外露，而是相对含蓄、自然地表现在君与臣、臣与臣之间关系的玄妙、皇帝市井的游历及儿女情长的欢喜离合等细节中，并贯穿于具现实意义的故事，亦庄亦谐，庄谐得当。此外，人物的妙语连珠，让观众大笑之余，又不免陷入思考。剧中和珅所言"为官之道就像掏耳朵，深了、重了，会疼；浅了又不解痒"，这样形象的语言把严肃的为官之道说得直白通俗又透着点小幽默。

下面是众官等待上朝，尚书和珅乘机要戏弄侍郎纪晓岚的一段对白。这段精彩的对白很好地体现了这类电视剧诙谐幽默的话语风格。

和珅：啊，纪侍郎，纪大人，请过来，有事请教……那，那，那是狼（侍郎）是狗？

众官：是呀，是狼（侍郎）是狗！侍郎是狗！

纪晓岚：哎呀，是狼是狗？和尚书，堂堂一品大学士，连狼、狗都分不清？我教您个招吧！看尾巴，下拖，是狼；上竖（尚书），是狗。尚书是狗！

和珅：上竖是狗？好你个纪晓岚！尚书能是狗吗？

纪晓岚：侍郎既然是狗，尚书就不必谦虚了吧！

刘御史：巧言舌辩！狼吃肉，狗吃粪，它吃肉，是狼（侍郎）是狗毫无疑问！

纪晓岚：这位大人眼生得很，请问尊姓大名，官居何职啊？

刘御史：不敢！敝姓刘，名构，乃结构之构，新任江南道御史。

纪晓岚：久仰！御史大人适才所言不当。

刘御史：怎么不当？

纪晓岚：狼固然吃肉，狗也不是不吃，它是遇肉吃肉，遇屎（御史）吃屎，御史吃屎！

刘御史：啊呦！吃粪就够难听了，干吗还要吃屎！臭死了！臭死了！

纪晓岚：臭死了？吃不着屎，还要追屁，溜沟（刘构）子！

刘御史：斯文扫地，斯文扫地呦！

这段精彩绝妙的对白,在通俗平实中略带一点儿调侃和小幽默,把和珅、刘御史之流的仗势欺人的"狗官"嘲讽得让观众大快人心,也不免要捧腹大笑了。这些语言是民间的、文学的、审美的,也体现了一定的现实生活意义。

(三)民间的叙事结构:"民间隐形结构"

艺术的结构作为一种内在形式,是外在形式和内容的有机结合,对艺术形象和思想意蕴的传达有重要影响。

"民间隐形结构"是从外来的神话原型批评理论体系中推衍生发出的一个概念。神话原型批评旨在探索文学与原始初民的原始经验、原始意象及其传承的历史性联系。由此特别注重上古神话、宗教仪式及其置换变形,认定后世文学是初民神话的移位,或文学世界中的深潜层面总包含着神话原型,从而体现着民族的集体无意识或原始意象。所谓"原型",是西方"神话—原型"批评学派常使用的中心术语,或叫"神话原型"。通俗一些并把范围扩大一点儿来讲,"民间隐形结构"是指在文学作品中较典型的,反复使用或出现的意象,以及意象组合结构——既可以是远古神话模式的再现或流变,也可以是因为作者经常使用而约定俗成的具有特殊象征意义的意象或意象组合结构。

在考察20世纪五六十年代的作品时,陈思和注意到在意识形态高度一体化的时代,这些优秀的文本里处于强势的主流意识形态和处于弱势的民间审美精神往往是同时存在的,民间在顽强曲折地传达着自己的声音。于是,文本就内在地呈现两种结构模式——显形文本结构和隐形文本结构。显形文本结构通常由主流意识形态决定;隐形文本结构则受民间文化形态的制约,决定着作品的艺术立场和趣味。民间隐形文本结构有时通过不完整的碎片方式表现出来,甚至是隐藏在显形文本结构内部,作为其对立面来表现。显形文本结构和隐形文本结构是统一的、不可分裂的。这种结构模式往往导致一种相当有趣的现象,即国家意识形态对民间进行改造和利用的结果,仅仅在文本的外在形式上获得了胜利(即故事内容),但在"隐形结构"(即艺术审美精神)中实际上服从了民间意识。显形文本结构和隐形文本结构中都寓含深刻的解构意味。显形文本结构对应的是等级社会的上层权力,在陈思和那里直接指向的是国家意识形态,是要解构的对象。隐形文本结构要彰显的是艺术精神和美学趣味,在巴赫金那儿是要表达狂欢化的世界感受,以及交替与变更、死亡与新生的精神；在陈思和那里则是要实现自由自在的艺术精神。

许多作品的显形文本结构都宣扬了国家意志，如一定历史时期的政策和政治运动。但作为艺术作品，毕竟不是一般意义上的宣传读物，由于作家沟通了民间的文化形态，因此在表达上自觉或不自觉地运用了民间形式，这时候的民间形式也是一种语言、一种文本，它把作品的艺术表现的支点引向民间立场，使之成为老百姓能够接受的民间读物。这种艺术结构上的民间性，称作艺术的隐形结构。隐形结构在民间文化形态约束下展现，对作品的艺术立场、艺术魅力、趣味有重要影响。

《宰相刘罗锅》《康熙微服私访记》《铁齿铜牙纪晓岚》等电视戏说历史剧中，不仅塑造了一组民间人物形象，而且在叙事过程中采用了百姓喜闻乐见的"道魔斗法""一女三男模型"的民间隐形结构。"道魔斗法"指正邪两种力量对峙着比本领，各自祭起法宝斗法，体现一物降一物。我国古典小说《西游记》就是采用"道魔斗法"模式的典型。唐僧师徒四人代表正义的力量，取经路上遇到的各种妖魔鬼怪代表邪恶的力量，师徒四人在西天取经途中每到一地都要大斗一番当地的妖魔鬼怪，"道""魔"各显神通比本事，虽然斗法过程中正义的一方往往遭遇一些挫折，但最终还是邪不压正，"道"降服"魔"。《封神演义》也采用了这样的隐形结构。这种隐形结构在反映人世社会的作品里，就转化成斗智斗勇等替代形式。《宰相刘罗锅》《铁齿铜牙纪晓岚》中自始至终贯穿着正义化身的刘墉、纪晓岚与对立面奸臣小人的代表和珅斗智斗勇的主线。《康熙微服私访记》则是讲述康熙在民间私访过程中不断与各色贪官、污吏、恶霸斗智斗勇，更像是《西游记》模式的翻版。

例如，《康熙微服私访记》每一个单元剧都是"道魔斗法"的模式，下面仅以第一部中的《紫砂记》为例说明。康熙一日不小心摔坏一把紫砂壶，却从壶内得知一桩冤情，下决心要查清此案，于是微服私访到宜兴。这个故事里为民伸张正义的康熙遭遇了相互勾结、敲诈勒索乡民的县官宋达安和班得五，他们之间展开了一场智斗。康熙先是买壶以寻壶内冤情，惊动了造壶人张鸣远。康熙找到张鸣远，但张鸣远却不相信他，失去了知道真相的一次机会，而这时班得五也找到张鸣远，康熙和班得五正面冲突，班得五欲开枪杀康熙，被张鸣远用泥巴封了枪管，康熙和张鸣远得以逃走。这一回合斗法，康熙并没占上风。后班得五又劫持了小桃红，抓了张鸣远，抬回班得五院门时，张鸣远被康熙等人救出。这一回合互相打了个平手，但这也成了双方斗法的转折点。张鸣远感念康熙的两次救命之恩，终于把壶中冤情相告，康熙终于查明了班得五横行霸道、杀害无辜、嫁祸于人的罪行，但又遇到阻碍，就是班得五手里有先皇所赐的免死牌。小桃红被班得五劫到家中却正好成了契机，康熙将计就计，让小桃红偷出班得五的免死牌。万事俱备后，康熙提审了班得五，班得五仗有御赐免死牌，气焰嚣张，不想手中所持的免死牌是假的，最后被问斩。接着宋达安也被查处，"道"战胜"魔"。它体现了民间"道魔斗法"的隐形结构，最终让人满足的是这种变化多端的斗法过程。

"一女三男"模式在许多有民间色彩的作品中存在，是群众喜闻乐见的民间喜剧情节模式。"一女"一般是民间的代表，她常常是一种泼辣智慧、向往自由的角色，她的对手总是一些被嘲讽的男人角色，代表了民间社会的对立面——权力社会和知识社会。权力社会的代表往往是愚蠢、蛮横的权势者，知识社会的代表往往是狡诈、怯懦的酸文人；战胜权力社会需要胆识，战胜知识社会需要智力。这种男性角色在传统民间文艺里可以出场一角，也可以出场双角，若再要表达一种自由、情爱的向往，也可以出现第三个男角，即正面的男人形象，其往往是勤劳、勇敢、英俊的民间英雄。这种"一女三男"的角色模型，可以演绎出无穷的故事。例如，电影《刘三姐》采用的是典型的"一女三男"模式，故事取材自民间传说，聪明机智的民间歌手刘三姐（"一女"：泼辣智慧、向往自由）被恶霸地主陷害落水，被老渔夫救起。恶霸地主莫怀仁妄想禁歌，三姐设计和莫怀仁（被嘲讽的男人角色，愚蠢、蛮横的权势者）对歌，把请来的三个秀才（狡诈、怯懦的酸文人）各个击败。莫怀仁施毒计把刘三姐抢到家中，刘三姐在阿牛（第三个男角，正面的男人形象，勤劳、勇敢、英俊的民间英雄）和群众的帮助下，连夜逃出莫家，又到新的地方用山歌鼓舞群众斗志。电影《红高粱》也采用了这样的"一女三男"模式。《铁齿铜牙纪晓岚》也运用了"一女三男"的民间隐形结构模式，在纪晓岚、和珅两人的冲突之外，来自民间的泼辣聪慧、爽朗仗义的杜小月（第三部换成了陆琳琅）始终活跃在其周围。纪晓岚是正面的男人形象，有智慧、有胆识、有才华；而和珅是被嘲讽戏弄的男人角色，他身上既有权势者的气息，又具备狡诈的酸文人气。该剧通过杜小月和纪晓岚一起与和珅智斗，演绎出一个个生动的故事。《宰相刘罗锅》在叙事中也采用了这一模式，刘夫人和正义化身的丈夫刘墉，一方面和有权势的皇帝周旋，另一方面和奸猾的和珅智斗。有一场戏说的是泼辣的刘夫人被乾隆看中，乾隆把她骗入宫中欲非礼她，刘夫人不惧权势，义正词严，坚决不从，把乾隆斥责得灰头土脸。敢对皇帝说"不"字，彰显了刘夫人过人的勇气。

总之，"一女三男"模式在这类电视剧中的运用，使其获得了民间艺术的审美价值。

四、电视戏说历史剧"流行热"的原因探析

从 1995 年播出的《宰相刘罗锅》起，大陆的电视戏说历史剧到如今已经走过近 30 年了。在这近 30 年间，中国电视剧产量逐年递增，在浩如烟海的电视剧中，高质量的电视戏说历史剧不但没有被观众遗忘，反而热度不减。从当年的《宰相刘罗锅》为我国古装电视剧创下的收视率神话开始，电视戏说历史剧可以说是电视剧收视率的常胜将军。观众是上帝，收视率则能作为观测"观众意愿"的"温度计"。观众买不买账，将直接关系到一部电视剧的受欢迎程度。以下主要从受众这一传播过程中重要的环节来探讨电视戏说历史剧"流行热"的原因。

（一）电视戏说历史剧符合中国观众的传统欣赏习惯和审美趣味

普列汉诺夫说过："任何一个民族的艺术都是由它的心理所决定的，在一定时期的艺术作品和文学趣味中都表现着社会文化心理。"社会文化心理是经过遗传积淀下来的传统的思维模式、生活经验、审美心理等原始心理印迹的集合，在人们的审美领域中发挥着重要作用。当审美客体在某种程度上满足了审美主体的社会文化心理需求时，就能成功地达成审美活动关系。

中国人的这种社会文化心理的积淀，造就了中国人传统的欣赏习惯和审美趣味。受传统民间文艺的熏陶，中国大多数观众的欣赏习惯和审美趣味是讲究故事有头有尾、因果关系符合逻辑，喜欢故事情节连贯曲折、人物形象个性鲜明、情感丰富、戏剧性强的东西。重视事物的完美性和结局的"大团圆"，即好人得好报、恶人得恶报。对"且听下回分解"情有独钟，"无巧不成书"的

观念也根深蒂固。

电视戏说历史剧迎合了观众这一传统的欣赏习惯和审美趣味，借鉴多种民间艺术形式（如相声、评书、戏曲等），创造出一个中国观众所喜爱的民间艺术世界。因此不管是电视戏说历史剧开山之作《宰相刘罗锅》，还是后来的《康熙微服私访记》系列、《铁齿铜牙纪晓岚》系列等，都在与中国传统民间文化的结合中表现中国人的市井生活、中国的风土人情。这些电视剧中除了尽情展现了多变的官场政治、民间的道德伦理、多彩的市井民俗、朴实的人生感悟，构成了一幅多姿多彩的民间生活画卷，还在于编织了一个又一个有声有色的充满民间趣味的故事。线性结构的故事线索明晰、繁而不乱，故事情节往往一波三折、跌宕起伏、有悬念、有铺垫、有高潮，还有令人皆大欢喜的结局，引人入胜。例如，《宰相刘罗锅》中故事情节随着刘墉传奇的、起起落落的人生经历而曲折跌宕、波澜不断，期间发生的一个个小故事都有头有尾，每集故事关键处的突然中止（"且听下回分解"）调动了观众兴趣，勾起了观众继续观看的欲望。整部电视剧结局处，也采用了恶人遭报应、好人平安无事的"大团圆"结局。

在人物塑造上，该类剧讲究正邪善恶分明，人物形象个性鲜明，人物语言个性化、口语化，人物所经历的喜怒哀乐都被体现得酣畅淋漓。例如，《宰相刘罗锅》中刘墉智慧敏锐、刚直不阿、清正廉洁，而和珅奸诈狡猾、奴颜婢膝，代表正邪的两方形象生动、个性鲜明。演过众多电视戏说历史剧的王刚在谈到如何塑造和珅这个人物时说："说起源头，《宰相刘罗锅》里和珅的塑造，我因循的被观众惯常认可的形象不是从历史书上得来的，而是从刘墉与和珅的民间传说中得来的。给我这一代人印象比较深刻的是相声大师刘宝瑞的单口相声《君臣斗》。民国末年，华北地区老百姓中流传了一些关于刘墉和和珅的故事，那时候的基本态度是抑满扬汉，刘墉代表正义，和珅代表反面形象，经常让和珅出丑、丢脸，满足人们的需要。我是因循近百十来年老百姓对和珅形象的基本定式来塑造形象，这样大家欣赏起来很舒服。"这既符合中国观众的传统欣赏习惯，也符合中国观众形成的审美习惯和积淀的叙事经验。因此，该类电视剧才广受观众欢迎。

（二）电视戏说历史剧缓解了观众的现实焦虑，使观众获得了替代性满足，满足了观众的宣泄和补偿心理

"使用与满足"研究把受众成员看作有着特定"需求"的个人，把他们的媒介接触活动看作基于特定的需求动机来"使用"媒介，从而使这些需求得到"满足"的过程。电视戏说历史剧作为一种娱乐大众的艺术产品，要想被大量观众"消费使用"，就必须满足观众的"心理需求"。

在急剧变化的现代社会中，生活、就业、工作等压力极易使人产生挫折感，从而普遍产生一种现实焦虑。这种焦虑在现实生活中无法得到很好的排解。这时，艺术就给人类提供了一条良好的排解渠道。人们常说艺术是一种梦想。从某种意义上来说，艺术是人类为了自身梦想的需要，以及解除内心深处的现实焦虑，借助想象寻找拯救苦难生命的勇气，踏上充满自由的未来之途。鉴于此，电视戏说历史剧在观众的日常观影过程中发挥了缓解观众现实焦虑、使观众获得替代性满足、满足观众的宣泄和补偿心理的作用。

邹静之认为，古装剧真实关注的是现实。电视戏说历史剧是以现实的视角和立场讲古时候的事，重在借古讽今、借古喻今，力求贴近老百姓的真实生活。它以某种巧妙的、隐蔽的方式连接着现实，对现实中某种难以解决甚至无法解决的矛盾与困境进行想象性消解，以缓解观众的现实焦虑，承担一种宣泄与补偿的艺术功能。其一，剧中人物互相逗趣、嬉笑怒骂、插科打诨，人物语言诙谐幽默，使观众现实中紧张的神经得到抚慰和愉悦。其二，民众对阿谀奉承、卑躬屈膝的势利眼和马屁精普遍痛恨，而在这类电视剧中，这种小人往往被强大的君权或者象征正义的清官所戏弄、侮辱。例如，《宰相刘罗锅》中的和珅在皇帝面前唱颂歌、拍马屁，极尽奉承之能事，却屡屡被刘墉嘲讽戏弄，最后人头落地，满足了观众潜藏的报仇心理。其三，这类剧中把大众对社会转型时期各种社会现实问题（如腐败现象、造假售假等）的不满加入剧情叙事，通过明君和清官的力量将社会不公平的事一一解决，满足了大众的欲望。

当现实中的权力不能惠顾自己反而欺压自己时，民众只好幻想期望有一种至高无上的权力来整肃身边的权力，惩罚那些可恶的贪官污吏，并在这种幻想和盼望中继续过着现实的生活。例如，这类电视剧塑造的明君，将民众的幻梦

艺术化和具象化。观众对此类电视剧的热衷，可以说是做着明君梦的观众与屏幕上皇帝的"对话"，其期待的正是这种英明睿智、掌握生杀大权、代表正义和民间道德的君主，在观剧过程中，观众对现实中腐败官员的愤恨得到了宣泄，对现实黑暗面的愤懑得到了缓解。再如，在《宰相刘罗锅》中，有很多关于科举作弊、买官卖官，以及官员徇私舞弊、收受贿赂、欺压百姓等各种社会问题的反映，这些是在当时的现实中存在但是老百姓无能为力的事，但是刘墉凭借自己的智慧和胆识，成功地打击了以和珅为代表的黑暗势力，达到了封建体制"游戏规则"下所允许的一个忠臣廉臣所能达到的极限。与包拯相比，事必躬亲的刘墉更完整地反映了老百姓对一个清官好官的寄望，能让观众看剧后感觉过瘾痛快，获得满足与宣泄，得到想象性的抚慰。《铁齿铜牙纪晓岚》系列中也有很多类似的情节，纪晓岚惩恶、除奸、扬善、侠肝义胆，身上透出中国文人的精神，坚决打击了以和珅为代表的贪官污吏，观众自然爱看。这与现在关注的反腐倡廉的现实话题也一致。《康熙微服私访记》中叱咤风云的康熙脱下龙袍成了普通人，亲自游历民间、走街串巷、感受市井，并贯穿以一系列颇有"现实意义"、关系民众切身利益的故事，亦庄亦谐，庄谐得当，于生动轻松中迎合了观众伸张正义的心态。

（三）明星效应的出色作用

美国传播学科的集大成者和创始人威尔伯·施拉姆（Wilbur Schramm）在《传播学概论》中引用卡尔·霍夫兰（Carl Hovland）的一段话，强调了传播者的影响："最可能改变一次传播效果的方法之一，是改变传播对象对传播者的印象。"电视剧作为视觉艺术载体，其中的明星是一种被反复强化的视觉符号。作为传播对象的观众接收这种反复强化的视觉符号，加深了对明星的印象，从而产生一种持续的关注。而这种对明星持续高度的关注，也必然带动观众对这些明星参演的艺术作品的关注。

观众对明星的狂热关注，导致现在不管是在广告中，还是在其他各式各样的电视节目中，都能找到明星的参与，当然电视剧也不例外，毕竟大多数观众喜欢看脸熟的、"大腕儿"的表演。《宰相刘罗锅》《康熙微服私访记》《铁齿铜牙纪晓岚》之所以热度不减，被各电视台不断重播，可以说张国立、王刚、张铁林所产生的明星效应功不可没。他们三个被称为电视荧幕"铁三角"。

张铁林是在《还珠格格》中成功地扮演皇帝开始崭露头角的；《宰相刘罗锅》中的和珅和乾隆造就了王刚和张国立。后来三人合作默契，实拍时就敢于即兴发挥，像说相声一样。张铁林在记者访谈中说到了拍戏时的一个情节："比如有一集纪晓岚装疯，皇上与和珅想试纪晓岚是真疯还是假疯，出对联让纪晓岚对。这场戏其实并不是事先写得非常完整的一场，因为这集剧本短，我们临时加了一场戏，在很大程度上是即兴发挥的。即兴的剧情播出后大家都很喜欢，这出人意料的效果完全是靠三个人的经验和长期合作的默契得到的。"这种即兴表演把三个人的文化积累充分调动了起来，收到了自然、意想不到的喜剧效果。

同时，"铁三角"还将中国民间传统戏曲中的老生、花脸和丑角儿的角色划分模式延伸到电视作品中，但没有按照戏曲行当本来的模式，在表演上实际是串了行当。这样的表现方式能建立更新鲜的人物关系，使"铁三角"对人物的拿捏更到位，也使观众对他们之间的插科打诨乐此不疲、百看不厌。张铁林认为，"铁三角"的出现在很大程度上迎合了观众的审美取向，亦庄亦谐，以一种老百姓熟悉的京味幽默来反映社会百态，在轻松搞笑的氛围里鞭挞了社会不平之事，颇有鲁迅先生当年的杂文风格。

"铁三角"的表演魅力和优势，使观众由最初关注电视剧《宰相刘罗锅》到后来更多的是喜爱"铁三角"的表演而去关注他们创作的电视戏说历史剧，如后来的《铁齿铜牙纪晓岚》系列、《布衣天子》等。甚至可以稍微夸张地说，《宰相刘罗锅》造就了明星李保田、王刚和张国立，而明星张国立、王刚、张铁林三人构成的"铁三角"促使了以后电视戏说历史剧的持续升温。这块"铁三角"铸成的"金字招牌"所产生的明星效应不容小觑。

电视剧本来就是电子时代的民间文学。作为一种大众文化，它离不开民间文化和民间故事，反映着时代背景和社会现象，同时像其他各种民间文学样式那样，有着作者与观众之间相互作用的显著特征。本节基于民间化视角，分别从电视戏说历史剧的民间内蕴、民间精神和叙事的民间化表达三个方面，比较详细地阐述了电视戏说历史剧为观众所营造的民间化的艺术世界。观众是电视剧的上帝，电视剧的命运由观众掌握。恩格斯在《德国的民间故事书》一文中指出："民间故事书的使命是使一位农民做完艰苦的日间劳动，在晚上拖着疲乏的身子回来的时候，得到快乐、振奋和慰藉，使他忘却自己的劳累，把他浇灌的田地变成馥郁的花园。"观众从电视戏说历史剧中能获得类似的愉悦和慰藉，寻找到民间文化中所蕴含的丰富宝藏。因此，电视戏说历史剧只有扎根在民间文化的肥沃土壤，不断从中汲取养分，才能枝繁叶茂、绿树常青、引人观看。

❀ 第二节　电视收视率探析

一、电视节目收视率的影响因素

在新的媒体环境下，众多电视台在竞争中"八仙过海，各显神通"，目的都是吸引更多观众的眼球，提高收视率。可见，收视率成为电视节目的"生命线"，因为收视率就是潜在的利润。收视率的作用毋庸置疑。随着时代的发展、受众生活环境和收视行为的变化、电视业蓬勃发展和多媒体时代的到来，收视率受到诸多内外在因素的影响。为了客观地解读收视率、科学地研究收视市场、充分地利用收视数据，我们要对影响收视率的因素有清楚的认识。

（一）传媒环境的改变对收视率的影响

1. 互联网应用日益广泛

互联网作为一种新崛起的传播媒介，正以一种既超越平面媒体的深度，又超越广电媒体的速度的态势，越来越多地吸引着更多的电视观众。

2. 跨国传媒的渗透

国际传媒集团进入中国市场的步伐加快，对我国的传媒企业构成了直接的竞争。跨国传媒的介入，既给我国传媒业带来了一个学习和借鉴国外先进经营理念、管理模式的机会，同时带来了严峻的冲击和挑战。

3. 频道竞争的加剧

现在，电视频道竞争日趋白热化，特别是在同一个地区。"一枝独秀"的局面早已不存在。今天，收视维系极其脆弱，观众很容易流失。频道形象对收视率有一定的影响，对口碑好的电视频道，观众有依赖心理和收看惯性；反之，则容易受到冷落。

4. 频道专业化、电视受众细分化局面形成

各地专业频道纷纷面世，新闻、文艺、少儿等专业频道琳琅满目，媒体投其所好，观众则各取所需。对象性强的分众化节目，必然导致目标观众群体规模受到限制，从而影响收视率。

（二）电视受众因素对收视率的影响

1. 休闲娱乐方式多样化

随着改革开放以来社会经济的显著发展，人们的生活水平有了很大提高，休闲方式日趋丰富多彩，看电视早已不是人们唯一的休闲方式。上网刷小视频、在线直播、KTV 唱歌等，已把一大批中青年观众从电视机前吸引走了。电视不再是"皇帝的女儿不愁嫁"，其在人们生活中所扮演的角色逐渐被边缘化。

2. 受众主体意识强化，个性突出

当前，受众的主体意识不断强化，观看节目的方式更加个性化，以前"你播我看"的传播方式成为历史。随着数字电视的普及，观众收看电视节目有了很大的选择空间。对于观众而言，只有好的节目，没有好的电视台。观众的自主意识越来越强、要求越来越高，忠实的观众也越来越难求。

3. 观众收视区域化

中国广袤的疆域、悠久的历史、复杂多样的地理交通条件、东西南北巨大的经济文化差异，以及由此导致的媒介信息传播环境的不同，都在客观上深刻地影响和决定着不同区域间观众对电视收视的不同需求，形成了观众不同的欣赏和审美标准及区域内的相对趋同，从而也影响着电视节目的收视率。例如，电视剧《刘老根》系列在各地播出时，其收视率差别很大，最大的相差 10~15 倍，越往南，收视率越低；越往北，收视率越高。由于区域文化的差异，同一部电视剧的播出区域不同，获得的收视率也不尽相同。

4. 季节变换导致收视波动

收视率往往受到季节因素的影响，因为在不同的季节，人们待在家中的时间会有所不同。一般来说，冬季是收视率较高的季节，特别是在北方地区，由于天气寒冷，人们的户外活动会减少，待在家里看电视的时间会长一些；春秋季节，人们的户外活动有所增加，收视率会略低一些。此外，节假日比平时的收视率会高一些。

（三）媒体素质——电视台自身因素对收视率的影响

1. 节目编排

在节目编排上，影响收视率的因素主要有播放时段、频道选择、上下节目关系、节目性质、节假日及季节因素等。其中，播出时段对收视率的影响至关重要。研究结果发现，19：00—22：00 是一天中收视率最高的时段。一档节目在此时播出，比在其他时段播出的收视率高出好几倍。中央电视台 1996 年实现了 19：00 的《新闻联播》直播，并增加了紧接其后的《焦点访谈》。从那以后，其在这一时段的收视率一直保持在 40% 左右。节目编排必须尊重观众，努力依据观众的需要、意愿、爱好去构思和设置。如果节目播出经常不准时或异动，忠实的观众也会成为游离的观众。广告编排欠规范，会打破节目的完整性；广告播出时间太长，观众难以忍受。

2. 节目质量

电视传媒的竞争，最终是节目质量的竞争。电视节目是一个很复杂的系统，包括定位、时效、主题、剪辑、编排、摄影等要素，但从根本上说，这些要素都可以归结为节目内容、节目形式和节目传播手段三个方面。如果节目本身理念陈旧、定位游离、目标观众模糊、内容枯燥无味、粗制滥造，哪怕在好的播出时段和频道，也难以留住观众。

3. 名牌效应

在各电视台节目质量差不多的情况下，观众会更倾向社会影响较大的名牌节目。名牌节目对收视率有巨大的提升作用。同时，名牌节目由于高收视率，还可能对相邻的电视节目起到强劲的拉动作用，直接提高频道收视率。另外，名牌主持人对收视率的影响也不容小视。

4. 重大事件和大型赛事

2004 年 8 月 23 日，央视-索福瑞媒介研究有限公司对京沪穗三地 2004 年雅典奥运会期间及之前的收视情况做了对比分析，比较的时间段分别是奥运会前的 2004 年 5—7 月和奥运会期间的 2004 年 8 月 13—23 日。央视-索福瑞媒介研究有限公司的调查数据显示：2004 年奥运会期间，京沪穗三地观众的收视时长有大幅增长，其中体育节目的收视时长增长显著，吸引了观众的很多注意力，尤其是北京地区表现更为明显。常规电视剧的收视因体育节目受到较大影响，收视时长有所下降。

5. 自我宣传

电视节目的自我宣传对收视率的影响举足轻重。电视节目的宣传能否奏效，主要取决于两个方面：一方面为频次多少，另一方面为是否精彩。高频次可以提高宣传片在观众中的暴露次数，精彩的宣传可以使观众产生收视兴趣和收视欲望。各个频道和各个栏目都已经意识到宣传的重要性，开始了高频次的节目和频道宣传。

二、策略：建立多元化的节目评价体系

对收视市场进行研究时，我们不妨借鉴国外电视市场的收视调查经验，丰富收视调查理论，拓展受众研究范畴，采用多种调查方式，相互补充、相得益彰。例如，美国、加拿大、法国等国家在对电视节目质量的评价调查中，已采用"享受指数""兴趣指数"的调查。再如，中国香港早在10年前就开展了"欣赏指数"的调查，在内地也推出一些新的调查方式，如"观众满意度""人气指数""观众喜爱率""节目占有率""同类节目排序指标"等收视调查方法。其中，满意度调查方法吸收了发达国家调查指标设计方面的优点，并结合了我国电视环境的现实，已经相对成熟。满意度调查涵盖的内容比收视率更为丰富，它不是简单记录实时收看节目的人数，而是反映观众对节目质量的综合评价。收视率反映"量"的关系，满意度反映"质"的关系。

需要指出的是，在现实生活中，电视节目离不开收视率，但不能"唯收视率论"。电视节目评价体系是一项系统工程，它涉及媒体内部管理、频道价值取向、收视市场分析、节目质量等方面，是一个循序渐进、逐步完善的过程。

✿ 第三节　影视文学作品分析

一、媒介权力下的英与白——电视纪录片《英和白》的文化解读

"媒介权力"（media power）意指现代传播媒介对个人或社会进行影响、操纵、支配的力量。随着人类传播技术的发展，媒介的力量已深深嵌入社会生活的各个领域，并成为社会权力结构中一种具有强大影响力的部分。阿特休尔（Altschull）在分析西方新闻传播制度时，直言不讳地说："广播电视也许是迄今为止所能设想出的社会控制最有效的工具。"

湖北广播电视台编导张以庆在十个月的时间里拍摄和制作了纪录片《英和白》。该纪录片入围 2000 年上海国际电视节、法国 FIPA 国际电视节，获得 2001 年四川电视节国纪纪录片"金熊猫"奖最佳长纪录片奖、最佳导演奖、最佳创意奖、最佳音效奖四项大奖。

它讲述了这样一个故事：在武汉杂技团，有一只叫英的熊猫，它是世界上仅存的一只被驯化、可上台表演的熊猫，也是唯一一只与人居住在一起的熊猫；白是一位有一半意大利血统的女驯养师，她和英组成这个"家"已经有 14 年；她与"英"住在一个房间内，与其相伴的是一台终日不关闭的电视机。电视机在这部纪录片中是一个不可或缺的符号，是大众传播媒介实施其权力的代码。以下主要讨论的是媒介（以电视为代表）在该纪录片中的功能及影响。

（一）媒介强化环境

大众媒介不断地向人们提供社会上各种事件的信息，对于那些即将来临的自然灾害或战争威胁，大众媒介能够及时地向人们发出警告，促使人们及早防御。此外，大众传媒还提供有关人们生活环境的信息，如关于公共事业、经济状况等方面的消息，这也能满足个人和社会的日常信息需要。

《英和白》拍摄于 1999 年，当时作为大众传播媒介的电视已经成为中国民众日常社会生活中必不可少的部分。电视及其传播的内容成为该纪录片营造的环境中一个客观真实的存在，没有这个大众媒介——电视，整个纪录片的环境就会是不完整的。

《英和白》中展现的环境并不是像有些人所说的封闭的"人间真空"；相反，它的环境是完全开放性的。《英和白》和外界环境构成联系的窗口有两个：一个是显性的窗口——房间的窗户，英与白经常站在房间的窗口眺望远方，从这个窗口，他们看到的只是城市的一角和一抹绿色；另一个是更重要的隐性窗口——电视屏幕，英与白经常通过这个窗口去接触当下的社会。该记录片一开始，首先出现的不是熊猫英，也不是驯养师白，而是一台在英主观视线里的播放着国际新闻的电视。在该纪录片中，电视中不断地播放着各种各样的信息，涉及政治、经济、文化、社会等方面。编导的高妙也正在此：在一个看似封闭、与世隔绝的环境里，通过一台小小的电视，把个人生活环境和整个社会环境有机地联系起来。世纪之交的 1999 年，通过电视这个大众媒介，英与白可以足不出户而知晓国内重大事件（朱镕基访美、军事演习、国庆阅兵等）和国外重大事件（科索沃战争、二噁英污染、印巴冲突、叶利钦辞职、世纪庆典等），一同经历社会的变迁。正是有了电视这个媒介，才使英与白生活的环境更加真实，更符合现代人的生存状态，也与整个大环境有了关联，强化了英与白生存的现代性，使他们成为社会大环境背景下的"这一个"。

（二）媒介延展时空

《英和白》的副标题是"99 纪事"，记录的是英和白在 1999 年大约一年的生活，具体的空间是英和白共同生活的那个被高楼包围的空旷的大屋。就该片本身而言，在漫长的人类发展的时空中，它的时间是短暂的，空间是狭小闭塞的。但是，媒介的成功介入使该片的时空无限扩展。

媒介（电视，包括片中出现的复制的艺术品 VCD 和 CD）展示的空间从国内到国外、从宏观空间到微观空间，展示的时间从远古到当前，把英与白带入广阔的时空，使受众能在更广阔的时空背景下思索人类（白是人类之一员）与自然（英是自然之精灵）的关系。英与白的朝夕相处，正是隐喻人与自然的共生共处，进一步说，人与自然这个古朴而深邃的多维结构，在时间和空间上具有无限张力和延展力，这赋予了作品凝重感与厚重感。凝重感是相对空间而言的，它凝固空间的这个片段，让片段昭示无限广阔和丰富的人文精神与人文意义；厚重感是相对时间而言的，它既反映拍摄的瞬间，又反映这个瞬间向历史和未来的延展。这使人与自然的主题得到更充分的彰显，使该片不再拘泥于一人一动物，而是像该片的编导张以庆所说："《英和白》带给我们的全部思考，远不限于这14年，甚至也不限于人类社会开始进入现代化以来的历史，问题可能深植于人类与自然间漫长的关系之中。"

（三）媒介透视心灵

媒介权力不仅把人的生活环境强化，把人的生活时空拓展，而且在强化的环境和拓展的时空中更能逼视人的心理活动。美国社会学家库利（Cooley）认为，人与他人互动，犹如一面镜子，帮助个人自我概念的形成"传播"，就是"镜中之我"形成过程中"唯一"的关键要素。麦克卢汉（McLuhan）认为，任何媒介的发展都是对扩展人的感官或感觉的延伸，媒介和社会发展的同时，伴随人的感官能力由"统合—分化—再统合"的历史。在《英和白》中，白几乎终日与电视为伴，其认识世界的方式、思想、观念自然受到媒介潜移默化的影响，成为媒介时空中的存在体。纪录片中电视传播的内容和白当时的心理达成默契。例如，观看意大利歌剧和听世界三大男高音的演唱会时，透过优美的歌剧，白的内心在翱翔，远离亲人生活在中国的她，心灵深处渴望亲人的关爱，想念遥远的故乡，这凸显出她心灵深处的孤寂。同时，媒介传播的内容也戏剧性地和英的活动相呼应。例如，英在活动时，电视里播放健身美女跳健美操，两者构成应和。其实，该片中英作为自然界的生灵，现在却生活在钢筋混凝土包围下的铁笼里，在人类的驯养下，它本身的兽性或多或少地被弱化。英已经被看作人格化的动物，本身也有心理上的情绪波动，和人一样具有内在价值。它同样生活在媒介权力之下，电视已成为它日常生活中必备的"牛奶"。媒介（电视）每天播放的大量资讯充斥于英、白身边，越发衬托出他们心灵的孤独。

从某种意义上说，《英和白》触摸到现代人真实的心灵历程，记录了现代人的精神史或心灵史，具有很高的研究价值。

二、施蛰存佛教题材作品中的世俗人性

佛教在中国可谓源远流长，影响着一代又一代人，在文化史上也具有颇高的地位。施蛰存利用自己在国学研究方面的深厚造诣，对佛教的文化人格及文化景观做了现代心理学的透视。他用佛教题材创作的小说主要有《鸠摩罗什》《宏智法师的出家》《塔的灵应》《黄心大师》。这四篇小说无论是从艺术表现还是从内容意蕴来看，都可以说是他 10 年创作中的上乘之作。其中，施蛰存站在现代人的角度，从或隐或显的心理学视角，剖析了佛教文化人格的内在层面，并对此做出了别具意味的独特解构。

（一）展现世俗人性的主体欲求

施蛰存佛教题材小说的叙述模式中，佛家僧尼的形象在世俗心理和动机的层层剥落下，彻底改变了其神圣的形象和行为的高尚性，以一个世俗人性的内核展现于读者的视野中，显示了众高僧与"最最卑下的凡人"无异的主体欲求和内在需求。虽然施蛰存对高僧形象进行了颠覆，但他的意图并不是披露佛教，更不想令佛门蒙羞，之所以以佛家的虔诚门徒作为小说的主人公，是因为除了对佛教题材有特殊的兴趣，还与 20 世纪的人文思潮息息相关，即用精神分析的利刃揭开佛学的神秘面纱，让人们看到在那枯寂入定的得道身躯里依然有着像地火一般运行的人性力量。对烈焰般的人性的肯定，才是他所指向的；激烈的批判态度不是他的目的。总之，佛教文化是他表达自己意念的一个合适的切入点。

施蛰存佛教题材小说《鸠摩罗什》在展现世俗人性的欲求方面非常突出。该小说发表于 1929 年 9 月《新文艺》的创刊号上，一经问世，立即引起人们的注目，得到郁达夫等作家的好评。施蛰存后来说曾七易其稿，从中不仅可以看出作者对于艺术的精致追求，而且能看出他对于这篇小说的重视。施蛰存在创作上基本遵循了典籍上所载的史实，所以他的历史小说被特别看作纯粹的古事小说。但是他毕竟不是在写历史，而是借弗洛伊德的心理动机分析来写"道和爱的冲突"，更进一步显示出在道和爱之后的世俗心理和动机。

《鸠摩罗什》从后秦王西伐吕隆成功后，鸠摩罗什受其相邀和妻子赶赴长安就任国师写起。鸠摩罗什一路上反省自己与表妹龟兹王女的一重孽缘，而妻子的客死终于使他们的孽缘完结了，也使他不再为自己变成一个"平常的通经悟文"的出家人而担忧，"他对众人说他现在已是功德快要完满的僧人，一切世间的牵引，一切的磨难，一切的诱惑，全都看破了。现在是真的做到了一尘不染，五蕴皆空的境地。他自信他将在秦国受着盛大的尊敬和欢迎，而没有一丝内疚"。但到了长安之后，他并没有像想象中的那样做到"一尘不染，五蕴皆空"，反而时常受着一位"沉沦了的妖媚"的妓女孟娇娘的诱惑。为此，国王赐他宫女，"并赐妓女十余人"，让他"广弘法嗣"，从此以后，他便"日间讲译经典，夜间与宫女、妓女睡觉"。鸠摩罗什为了坚定人民和僧人对他的信仰，不得不竭尽全力为自己辩解，竟不惜使用江湖术士"吞针"的旁门左道来哄骗世人。这时，高僧鸠摩罗什才彻底认清自己非但已经不是一个僧人，竟是一个最最卑下的凡人了。在他的内心，他的二重人格始终在发生着冲突，想要潜心修炼成正果，却又抑制不住情欲的燃烧，佛性与人性始终在进行着尖锐的斗争，最终情欲还是冲破了宗教道义的封锁，他过上了生命本真意识得以舒展的凡人生活。

施蛰存对于鸠摩罗什的深层性心理的审视，无情地揭开了高僧内心性爱和道义冲突的面纱。作者通过不时搅乱鸠摩罗什心扉的妻子、宫女、妓女的幻象叠印，暗示出妻子、宫女、妓女之于他同等的"性"的意义，而他口口声声说的"道"在无形之中轰然坍塌。最后，他被逼施与魔法以自救，来维护自己虚弱的名誉和声望，其行为已经说明这不过是"为了衣食之故"，性欲和生存的冲突在此凸显出来。施蛰存通过对得道高僧的心理做步步紧逼式的拷问，揭示了在他们所谓高深圣洁的"道"之下遮蔽的是世俗的人性，是平凡人的根性。在这里，人的俗世欲望战胜了佛家的大德，展现了人对本能冲动的焦虑。作者却并未对鸠摩罗什的行为和动机意识做任何的道德评判，也没有对他用巫术欺骗世人来掩饰自己的行为有所批判，只是用纯粹客观的语气讲述了一个智者高僧在爱欲中挣扎的故事，在平静的叙述中，暗寓作者对于世俗人性的肯定。正如小说中借鸠摩罗什之口所说："为希望着成正果而禁欲，而苦修的僧人不是有大智慧的释子，这个是与为要做官而读书，为要受报应而行善的人同样的低微。"

（二）从性心理视角解析还原世俗人性

施蛰存佛教题材小说并非简单地讲一个出家人的故事，而是让小说的深层意蕴深藏于故事的表层之下。无论是精心构置的故事情节，还是虚设的具体细节，都是为从性心理学的角度透视佛教文化这一目的服务。严家炎先生曾指出："小说作者运用弗洛伊德学说，从性心理这个角度，对原有的故事传说重新作了解释，这种解释对不对？……有点头脑、有点文化历史知识的人都不难做出回答。其实，这些作品都在不同程度地图解弗洛伊德主义。"

施蛰存在后期创作的《黄心大师》是一篇完全虚构的小说，运用性心理分析来描写佛家的高僧圣尼。施蛰存自称在做文体的创造，说在"尝试这中国式的文体"，但是他关注的焦点并非叙事的方式，而是"想在这旧的故事中发掘一点人性"。小说刻画的黄心大师性格乖僻、命运多舛，符合佛家看破红尘、断绝人生种种烦恼的因缘。这种类型的人最有可能遁入空门，且往往会修炼到高深的德行，但事实往往没有这么简单。瑙儿（黄心大师）刚刚生下来做弥月时，一个女尼曾预言："这位小姐是有来历的人，不消解得关煞，只是可惜了一念之差，不免到花花世界里去走一遭。"黄心大师的一生似乎被言中。最为深刻之处是小说结尾处的舍身入炉，可以从潜意识中的性心理学的角度阐释黄心大师跃身入炉以铸就大钟的行为。因为黄心大师的人格特征是圆融的、统一的，没有鸠摩罗什那样严峻的二重人格冲突和分裂，所以不能从性冲动的压抑来读解，其出家也不能说是因为看破了红尘。但这确实与性的欲望有关。对于募铸铜钟所需要的四万八千斤精铜，黄心大师固执地坚持由一个善士施舍，这样一拖三年，任凭众人如何劝说也不改变主意，并且坚信早晚会有人来。这说明黄心对捐献者是有所选择的，这种选择与潜在的欲望息息相关。曾经有勾栏生活的恼娘（黄心大师），对于自己的姿色、才华和聪敏是相当自信的，在那里，她充分展现着自己的生命激情，歌唱舞蹈从不厌倦。凭借出众的容貌和才情，身边的达官贵人和富商豪绅络绎不绝。虽然她瞧不起他们的粗俗，但潜意识中需要他们的吹捧来确证自己的丽质出色。她愤然出家也正是因为有人打击了她的自信，而且这种影响在她心灵深处固结起来；多年足不出户的苦修，则把这一情绪压抑到潜意识结构，并在无意识中支配着人的行为举止。黄心大师对捐赠者的固执选择，正是受到了这种深层欲望的控制，因为如此巨资只有达官富豪才有能力承担，这位达官富豪很可能就是往日环绕在她周围的客人。她正是想借此来确证自己的美丽是否可以影响男人，以及影响的程度如何。对于这种潜在的意识，黄心大师自己是并不明确的，直到原夫季茶商的出现，才唤醒了她对性的记忆，使她了然顿悟。在此之前，黄心自信修行有道、成佛有望，此时才发现自己究竟是世俗中人，凡心终未泯灭。"心中老大的着恼"是着恼自己竟会如此缺乏吸引力，那些过去对她的美色垂涎三尺的男人早已忘了自己，出现在她面前的竟是这位显然不怀好意、有意来寺庙炫耀以报复她当年拒绝合镜的丈夫。所以，黄心舍身入炉有一种巨大的推动力，这便是人性的力量。作为一个曾经以歌舞为生的风尘女子，因无法忍受自己的丽质美颜、出众才情被否认，而失去了继续生存的兴趣。当然，佛性的力量也是一个原因，因为她毕竟在佛教文化中长期浸润修行，于佛有所心得。连续八次铸钟失败让她也感应到了佛性的震动。这两种力量共同导致黄心大师的结局。

小说中还有一个细节不可忽视。恼娘自小沉静寡言、冷颜落寞，甚少喜色。但曾有一个年少风流的词人给她赋了一首《浣溪沙》，其中有一句"明月哪堪容易缺，好花争奈不禁秋，恼娘心事古今愁"。恼娘一见此词，不觉破颜微笑，对待那词人居然殷勤起来。看来恼娘在潜意识中一直在期待一个真正了解她并欣赏她的人来尽心爱她，只有面对理想中的知音才会露出难得的微笑。与季姓茶商的结合只是履行父母之命、媒妁之约，没有爱情可言，冰冷的雪霜自然整日挂在她的脸上；与知府的结合更无丝毫感情，感觉自不待言。身入勾栏后，歌舞成了她生命力量充分显现的途径，在多舛生活中遭受的性的压抑，在这声色歌舞中得到了暂时的释放，所以当季姓茶商想赎她回去时，被她断然拒绝。歌舞仿佛成了她的整个生命，离开它们，就只剩下寂寞和空虚，舞阑歌歇之际，严冷更甚从前。但对于爱的渴望，仍然在她内心深处悄然闪烁，因此才会在见到风流词人为她赋的词之后破例有了笑容，她以为终于寻觅到了如意的情人，但相处几天下来，却发现这人也只是自己一厢情愿的幻想，所谓风流才子，距离自己的理想太遥远，因失望而黯然，憎恼之情更甚。而酒醉商人的"门前冷落车马稀，老大嫁作商人妇"一语击破了她虚弱的幻想和希冀。从中也可以理解成为黄心大师后，她对于捐赠者的选择，潜意识里依然在希望理想中的男性形象出现，但前夫的出现彻底破灭了她对灵肉的追求。

这样看来，黄心大师的一生可以概括为一个普通女性对自然性爱的追求过程。爱的欲望是人一生都无法逃避更无法脱离的苦海，即使自以为看破红尘、遁入空门，其实一切都还静静沉潜于心灵的深寂处、积淀于潜意识的抑制中。从这个层面来说，黄心大师身上的人性色彩、世俗凡心更加深重，所以用潜在的性因素作为解释这部小说结局的缘由之一，非但没有损害小说的文化历史意蕴，反而使小说的文化历史意蕴更加丰厚了。

（三）从世俗人性解构佛教文化的神秘性

在施蛰存有关佛教题材的小说中，可以看到人性与佛性的冲突与融会，是性的欲望与佛教文化压抑的角逐。他以生花的妙笔揭开了佛教神秘的面纱，层层剥茧似的把高僧圣尼或名寺古刹的隐秘外衣揭破，露出人性力量的庐山真面目，世俗的人性在这里得到了张扬。施蛰存在谈起《黄心大师》时说："黄心大师在传说者的嘴里是神性的，在我的笔下是人性的。在传说者嘴里是明白一切因缘的，在我的笔下是感到了恋爱的幻灭的苦闷者。整个故事是这两条线索之纠缠。当时的人究竟能否发觉，能否理解，我不知道。至于我，却自信是把握住了，而且十分了解的。"由此更能确证以上观点。

《黄心大师》中恼娘出家时，妙住庵里的师太似乎早就预知了她的到来，并把首座弟子的位置一直空着，等着她来就任。这看来确实有些神奇，也特别符合佛家的因果奇缘说，好像恼娘生来就注定与佛有不解之缘，一切都是命定的因果。这篇小说发表不久，有读者在《大晚报》上就此提出疑问。作者对此解释说不过是"说故事的技巧"，在形式之外"我们又何尝不可以把这些话认为女尼们的'江湖诀'呢"。一句女尼的"江湖诀"道破了这神秘的因果说。"江湖诀"意味着混迹于世间江湖的方法手段，这所谓神奇古怪处，只不过是黄心大师在佛门生存下去并想彰其大德的一种求生方式，一如世人在庸庸碌碌的凡间求得生存发展所施展的计谋手段。作者在小说中叙述相关文字时，用了"据说""奇迹的误传"等模棱两可的语句，这神秘性本身便有了不可信的成分。他运用高超的叙事技巧，在神奇古怪的叙事中隐现着世俗人的欲念。

《宏智法师的出家》《塔的灵应》这两部佛教题材小说虽然并没有从性心理学的角度阐述，但依然贯穿着一种潜在的意图，那就是从人的本性来揭穿佛教文化中的某些神秘性。《宏智法师的出家》中，随着对宏智法师身世的揭破，龙门寺门口那盏每晚总明晃晃地挂着的灯笼失去了原有的神性和崇高性，代之的是郁郁葱葱的人性力量——那是为纪念他的妻子而挂的。《塔的灵应》中古寺的"得道"老和尚会偷吃放生池中的鱼，一个来寺里挂单的行脚僧察觉寺中和尚的行为后，染指不成心怀愤恨，偷偷把石灰石投入池中毒鱼而造成水沸。老和尚因一系列偶然因素相连造成的预言的实现，成为城中善男信女膜拜着的一个道行深厚的高僧。作者在这里赤裸裸地展现了佛家门徒身上的世俗性。

施蛰存对于博大精深的佛教文化始终保持着虔敬的心情，以僧尼作为主人公，是因为他们身上能真正体现出佛性与人性冲突的深刻与复杂。他们并未被刻画为虚伪浅薄的教徒，只是突出了其人性的部分，人性的彰显使得佛家的面孔不再拒人于千里之外，而是更具真实性、可信性。可以说，正是对佛教文化的这种理性的尊重态度，使施蛰存的佛教题材小说在佛性与人性的双重揭示方面都达到了一定的高度，从而成为 20 世纪体现宗教与文学关系不可多得的珍品。

❀ 第四节　媒体信息传播研究

大数据、人工智能和移动互联网的快速发展，促使新闻雷达、智能写作、个体画像、智能推荐等智能媒介技术广泛植入传播全链条，给传媒业的生态带来巨大的挑战，并推动了传播权力从传统媒体向新媒体转移。在信息传播效能迅速提高的同时，问题也凸显出来：用户需要让渡部分隐私权以换取便利，沉溺于碎片视频可能导致深度思考能力退化，高度仿真的"深度伪装"影像、变音软件使网络骗局频频出现……这给个人信息安全、网络舆论安全乃至国家安全带来前所未有的挑战。

目前，新媒体（如微博、微信、抖音等）借助互联网蓬勃发展，成为人们每日茶余饭后获取信息的重要来源，不仅制造各种争论和热门话题，而且吸引传统媒体争相跟进报道，能量惊人，信息量庞杂，使争论和话题从线上延续到线下。新媒体便捷的信息传播使得各种各样的消息都可以第一时间推送到用户，导致很多虚假信息充斥其中。这些虚假信息是偏激、消极的，其中夹带私货的信息发布者不少，有出于某种利益的，还有出于不可言说的目的的。

当下社会节奏加快，生活压力增大，很多人普遍存在焦虑、紧张和烦忧的心理，而这种心理也为各种虚假信息的传播提供了便利，使得信息场域变得更复杂，导致真正有价值的信息容易被淹没，并对受众形成"情绪绑架"。对此，应该提高人们的自我信息甄别能力，让其秉持理性，主动判别那些无价值、混淆视听的信息，这样才能够杜绝虚假信息被无限制地传播。在这种新的形势下，对社会中每个个体的信息素养都提出了更高的要求。

一、新媒体的特点

新媒体特指当下与"传统媒体"相对应的，以移动互联网络为基础的媒体。目前新媒体的平台层出不穷，比较主流的新媒体平台类型有图文平台、视频平台、音频平台、社交平台、问答平台等。图文平台如微信公众号、知乎、今日头条、小红书，视频平台如抖音、快手、B 站，音频平台如喜马拉雅等，社交平台如微博、微信等。

（一）即时性

即时性是新媒体最显著的特点之一。在以信息技术为基础的移动互联网模式下，新媒体的信息传播速度远快于传统媒体。信息发布者只需在新媒体平台上进行简单的操作，信息便可以在瞬间传达给世界各地的受众。这种即时传播的特点使得各种信息（如新闻、事件等）能够以更快的速度传播，满足受众在快节奏生活中快速获取和分享各种信息的需求，大大提高信息传播的速度和效率。

（二）互动性

与传统媒体相比，新媒体具有更强的互动性。这是新媒体的另一个显著特点。传统媒体单向传播信息，新媒体打破传统媒体单向传播信息的局限，实现信息双向传播，既可以提供信息，也能够接收和反馈信息。受众可以通过各类新媒体平台，以评论、点赞和转发等方式与信息发布者进行实时交流和互动，共同参与感兴趣的话题讨论，信息传播具有社交化的特点。

（三）个性化

传统媒体受众只能被动地单向接收信息。而新媒体通过大数据分析等最新技术手段，可以分析受众信息使用习惯、偏好和特点，根据分析结果，提供满足不同个体受众的个性化信息需求，可提供个性化的定制信息和智能推荐，每个新媒体受众接收到的信息内容组合都是不同的。同时，受众对信息也拥有主动权，受众可以运用新媒体筛选信息、搜索信息，甚至主动制作信息、传播信息。新媒体时代可以说是一个"受众个性化"的时代。

（四）多样性

新媒体信息传播的多样性，既包括信息内容的丰富多彩，也包括信息传播形式的丰富多样。形式上除了文字、图片，还有音频、视频等多媒体形式。内容上包罗万象，涵盖社会生活的方方面面。这种多样性的信息传播方式使得信息更加丰富生动，也满足了受众的阅读体验和多样化需求，信息传播效果更佳。此外，新媒体还为用户提供了自媒体平台，使得人人都有机会成为信息发布者和传播者，参与信息传播。

总之，新媒体的即时性、互动性、个性化、多样性的特点，为人们提供了便捷的服务，开阔了人们的眼界，增长了人们的见识，加强了人们的交流，但是新媒体的随意性和虚拟性等特点也容易导致思想不坚定的用户受到各种不良信息的影响，在新媒体空间纵容自己的行为，传播低俗文化和庸俗内容，为博流量散布虚假信息，在某种程度上弱化了社会道德约束力。

二、新媒体信息传播的优势

（一）实现信息的广泛覆盖

新媒体可以突破时空限制，实现信息在世界范围的传播。随着移动互联网的普及和科学技术的发展，越来越多的人开始使用智能手机上网和通信。使用智能手机的人口基数庞大，而且人们越来越离不开智能手机，智能手机提供了各种生活便利，从而保证了信息覆盖的庞大受众群体。这种广泛覆盖的优势使得信息传播的范围更加广阔，让受众获取信息时不再受限于地域和时间。同时，大数据分析还能够更好地了解用户的需求和偏好，通过分析受众的喜好，从而更加精准地推送信息。

（二）信息传播成本大大降低

相对于传统媒体而言，新媒体的信息传播成本更低。在传统媒体时代，信息的编辑、印刷、发行等环节需要耗费大量的人力、物力和财力，而新媒体只需要少量的人力和硬件设备便可完成信息的发布。这使得信息发布更加便捷高效，也提高了信息的时效性。从信息传播成本来看，新媒体方及其受众方的运营和享受成本都是可以忽略不计的。新媒体信息基本免费向受众发布，且都能在第一时间以最低成本发送出去。信息传播的速度越来越快，信息传播的成本越来越低，任何人都可以在互联网上发声。

（三）信息传播渠道趋于多样

新媒体为信息传播提供了多种多样的渠道。受众不仅可以通过官方新闻客户端获取信息，还可以通过抖音、微博、微信等平台的自媒体账号获取信息。这种多样化的信息传播渠道为受众提供了更多选择，保证了获取信息的快捷性和便利性。同时，内容信息编辑能力强的、拥有一定关注度的个人用户可以入驻各大新媒体平台，成为信息传播的群体之一，这也使得内容信息的生产、转发和传播速度出现巨大变化。对于很多热点新闻，很多受众是通过其关注的自媒体账号获得的。

总之，新媒体平台作为信息传播的新平台，具有广泛的应用前景。新媒体不仅提高了信息传播的速度，也改变了信息讨论的方式，成为人们获取和分享信息的重要渠道之一。然而，新媒体也存在负面影响和挑战，新媒体信息传播也存在一些问题，需要引起足够的重视。例如，社交媒体对公众舆论的影响具有局限性，有时只是片面的、偏颇的，或者是过于情绪化的，容易引发一些负面事件。需要监管部门、新媒体平台和用户共同努力，维护良好的新媒体生态。

三、新媒体中虚假信息传播的危害

新媒体中的虚假信息经常被修饰和伪装，具有一定的迷惑性和煽动性，其具体危害可概括为以下三个方面。

（一）虚假信息严重损害媒体的公信力

坚持信息的真实性和准确性，是所有媒体从业人员应该遵守的基本价值准则和理念。对于各类媒体而言，把握真实性与诚信原则，始终是其成功运营的关键。很多传统主流媒体能获得成功和被受众信任，根本原因就是其坚持信息传播的真实性。但现阶段一些新媒体平台的信息发布者为了获取经济利益和吸引流量，不经过鉴别和考证，随意转发虚假信息，长期下去势必会损害各类新媒体平台的公信力。

（二）虚假信息侵害受众的合法权益

受众的知情权、参与权和监督权等都会被虚假信息的传播所影响。知情权是受众参与公共事务和发挥舆论监督作用的前提，而虚假信息为受众提供的是虚假的事实，受众因失之偏颇和情绪化明显的信息而产生不良的反应，有时会给社会良性运作带来一定的阻碍。例如，一些新媒体平台的信息发布者在报道医患矛盾时，违背真实性原则，夸大片面事实，或是隐瞒某些不利于自己意愿传达的事实，或者拼接有错误倾向性的信息，误导受众，使本来合理且必要的舆论监督变成了一边倒的谩骂和攻击。

（三）虚假信息影响社会安全和经济稳定

虚假信息一旦经过新媒体的广泛快速传播，不仅会因欺骗造成人们的财产损失，而且会引发公众的恐慌，严重时，还会扰乱社会秩序、影响经济社会稳定发展。例如，关于失踪人口的不实信息传播，阴谋论甚嚣尘上，导致人心惶惶，甚至对政府公信力产生怀疑。

四、新媒体中虚假信息传播的表现方式

随着社会化媒体、移动互联网的快速发展，网络虚假信息的传播以几何级数扩散。网络里出现许多虚假信息的传播，其中尤以社会事件型虚假信息影响最大。在新媒体中，虚假信息通常通过以下三种方式得以呈现。

（一）"震惊据说"体

这类虚假信息常常假托权威，没有明确可靠的消息来源，并辅之以带有强烈感情色彩的标题，内容表述也多用情绪化的文字和各种拼凑的图表数据，以此吸引受众的眼球。例如，微信朋友圈经常会出现"震惊！据某某国家研究院权威发布""据某某大学知名教授最新研究成果""震惊世界"等，这种信息经常杜撰一些不存在的机构和专家学者，并以这些机构和专家学者的名义任意地表述自己的观点、看法。这些信息发布者深谙耸动的标题和感情强烈的情绪化文字比客观理智叙述更有吸引力，极端化的形容词比单纯的事实陈述更有煽动力，表达夸张化比冷静平淡地讲道理更有记忆点。他们抓住现在信息更新快，受众碎片化阅读、快速浏览不求深究的心理，发布的信息中不再含有思考后的凝练，不再需要观察、调查和考证，拼凑文字，编造数据，给对象贴标签、扣帽子，甚至用激烈言辞进行人身攻击。

（二）"细节雕琢"体

这类虚假信息往往依据道听途说，在叙述信息过程中，不尊重客观事实，刻意编排细节，特别注重细节的描摹，对每个场景及每个人的表情、动作和语言均一一描绘，事无巨细，好像亲临现场一样。要知道，编辑信息时，在某些情况下过度关注细节也是一种"内容失真"，这样会导致事实真相被掩盖或歪曲。例如，在微博和微信朋友圈里会有各种探奇类信息：人和外星人接触，超自然现象，等等。另外，这类信息中还涉及数据失真或图片失真。信息发布者为力证自己的观点正确，列出大量详细的数据或图片，并根据主观意志随意更

改数据或伪造数据，或将图片进行编辑加工，以服务自己的观点，方便虚假信息的传播。

（三）"剪接诱导"体

这类虚假信息通过对某一事件相关的各种素材进行任意剪裁、拼接，并用诱导性的言辞引导受众投入情感，使得受众自发产生依据事实但又没有直接证据证明的逻辑关系。例如，在公共突发事件发生时，微博上有些所谓大 V 为提高关注度、引导话题，将事件放大，除列出该事件的发生发展情况，还将与此类事件相似的若干年前的其他事件的相关文字、图片等剪辑、拼接到此事件中，并在事件叙述中，聚焦到某个无辜的机构或个人身上，激起受众的强烈情绪。诱导性的虚假信息充分利用了信息获取的不对称性，顺势诱导，从而影响受众的思维和情感，对受众认知造成偏差。

五、新媒体中虚假信息的辨别方法

虚假信息会误导人们做出错误的判断和决策，因此，在获取信息时，一定要对信息进行分析和判断。具体可以从以下三条途径进行判断。

（一）根据信息的来源判别

对于新媒体上各种信息传达的内容是否准确，用户首先要从信息的来源来判断，来源可靠，信息也就比较可信。受众可以从新媒体上的官方公众号或经过认证的权威媒体等查找相关事实的报道，并进行核实，如新华社、《人民日报》、《光明日报》、央视等官媒报道的信息，这些官媒报道的信息的真实性和准确性比自媒体更可靠。而对于新媒体上转发的一些海外社交媒体的内容，其报道大多"双标"，报道中大多站在某种政治立场上或者有比较明显的情感情绪倾向，受众在这些媒体获取信息时，要重点关注对于事实的陈述，过滤掉其中的情感性批判和评价的内容，不要被其轻易"带节奏"。

其次，要坚持信息源的不唯一性，多渠道获取信息，不盲目地相信获得的信息。虚假信息都具有一定的诱导性和迷惑性，但一般而言，可以被证伪，同时网络上也有针对这一类虚假信息进行辟谣的辟谣文和科普文。受众可以充分利用搜索引擎等工具，主动核查信息。这要求受众要有主动搜索信息而不是被动接收信息的意识，要不断提高自身的信息识别能力，并通过一定的训练提升获取信息的准确性。

最后，虚假信息会在新媒体长期存在且可能更具隐蔽性，受众不可避免地要接触到一些虚假信息，所以只从受众端要求受众显然是不够的，还要让新媒体切实履行职责，加强审查和监督，不断提高信息发布者的道德操守，坚持真实性的原则，优化信息，客观公正地传播事实真相。

（二）根据信息的时效性识别

一条信息在某个时间点价值非常高，但过了这个时间点可能毫无价值，甚至可能失真。有些虚假信息将不具备时效性的多年前发生的事件嫁接到新近发生的事件上，模糊信息的时间线，突出问题的严重性，以提高关注度。这类混杂过去与现在的信息往往夸大事实，很容易煽动受众情绪，将事件由小变大。受众在识别这类虚假信息时，需要具备一定的时效性意识，针对事件发生发展的不同阶段来进行判断。第一，对于突发性事件，要清楚在第一时间里对突发性事件进行的报道具有很强的时效性，随着时间的流逝，时效性也在减弱。第二，对于逐渐发酵发展的事件，应在事件发展过程中发现最新、最近的时间点来判断其时效性。第三，过去发生的事件已经不具备时效性，但是如果过去发生的事件最近才被报道出来，除非可以说明自己得到信息的最新时间和来源，或发现新的动态，不然就谈不上时效性。

（三）根据知识经验或逻辑甄别

依据知识、常识和基本经验，可以对某种现象或事件的成因，以及某种现象或事件发生、引起的后果进行分析、归纳和推理。常识不是数学公式，没法直接套用，它属哲学范畴，是通过自身阅历、文化和知识的积累并独立思考而形成的认知。在获取信息的渠道大致相同的情况下，谁的知识储备量大、经验丰富，谁的信息识别和判断能力就强。例如，在很多社交媒体上都曾流传这样的信息：西葫芦可致癌，不能食用。由常识可知，营养丰富的西葫芦是无辜的，罪在高温猛火爆炒这一错误的烹饪方式。要识别虚假信息，必须扩大阅读范围，阅读多新闻源链接的报道，扩展对可信验证的认知，进行交叉验证。

根据逻辑来甄别情绪化信息，对受众自身的逻辑能力提出了较高的要求，因为这类虚假信息具有很大的迷惑性，容易使受众在事实的基础上产生错误的逻辑性关联，如西葫芦可致癌、吃某食物可以长命百岁等信息，就是将相关性直接理解为因果关系了。很多受众并不了解这些科学研究，没有经过逻辑教育与训练，尤其缺乏寻找反面证据的思维能力，也无法证伪，所以使得这类虚假信息难以被识破。

六、新媒体中虚假信息传播的应对措施

若任由新媒体中的虚假信息传播，则其危害巨大。要采取各种有效措施加强信息管理和监督，可以从以下三个方面入手。

（一）完善新媒体相关的法律法规和管理制度

新媒体是随着技术创新而产生和快速发展的，在其发展过程中出现的一些问题，是以往通行法律还没有涉及的，因此有必要制定和完善新媒体相关的法律法规。例如，可在宪法框架下制定新媒体通则，其他具体的法律、法规、条例、办法在此基础上制定和完善；针对当前新媒体中存在的虚假信息问题，制定专门的新媒体虚假信息治理条例、管理办法等，做出专门的司法解释，增强管理的法理依据；通过立法或修订有关法律解决新媒体管理遇到的问题时，应注意调节相关法律体系的方向；建立新媒体建设和管理领导小组，建设由国家新媒体管理部门主导，新媒体所属地和相关管理部门协同配合的协调管理机制；成立新媒体方面的全国性行业协会，充分发挥行业组织的作用，并与政府对新媒体的管理形成优势互补、良性互动；等等。

（二）建立健全新媒体自律、惩戒、监督机制

首先，应建立新媒体平台内部管理制度，制定若干自律性的道德规范，让新媒体进行自我管理。例如，对来源不明的信息，要在核实后再发布，不可盲目转发。再如，各类官方抖音账号、微信公众号的运营主体要对其从业者发布的信息进行审核，并将其纳入员工业绩考核。其次，应建立虚假信息惩戒机制，提高新媒体平台的把关意识和意识形态责任意识；对虚假信息的制造者、转载者、发布者进行惩罚（如封号、禁言等），要对一般的虚假信息和情节严重的虚假信息进行区别对待，采取不同的惩处措施；对新媒体上的信息内容进行分级分类管理。最后，应完善外部监督机制，建立政府和行业组织的监督机构；加强信息筛查，鼓励民众对虚假信息发布者进行举报；政府加强宏观管理，对查实的伪造信息者，依法依规严肃处理。

（三）提高新媒体用户的媒介素养

媒介素养是新媒体用户的必修课。在新媒体信息传播过程中，用户不仅是信息的接收者，而且是信息的发布者和传播者。因此，新媒体用户需要提高自身媒介素养，形成正确的新媒体伦理道德观。提高新媒体用户的媒介素养，首先要更新其媒介素养观念，不断用新的媒介理念武装用户头脑，使他们跟上时代步伐和媒体发展速度。其次要加强新媒体用户的媒介素养教育。一是培养新媒体用户对信息的批判能力，理性地识别信息的真伪、价值。对于新媒体平台上各种来源不明的信息，既不要随意点赞发布，也不要盲目转发分享，更不要为了自身利益散播一些虚假信息。二是完善新媒体用户的大众传播媒介知识，使其客观认知媒介，正确评价媒介的性质、功能和局限性。三是提升新媒体用户有效使用新媒体的技能。通过媒介素养教育，提高新媒体用户的主动性和创新性，使他们掌握相关技能，真正从新媒体的使用中有所收获。

受众在面对新媒体上的虚假信息时，要学会应对，从情绪中抽离出来，摆脱非理性，客观理性地解读事件或现象，在大量信息中发现有价值的信息，尽量避免被虚假信息左右。

在新媒体时代背景下，编辑应强化互联网思维，不断提高对互联网规律的

把握能力、对网络舆论的引导能力、对信息化发展的驾驭能力、对网络安全的保障能力。互动平台的进一步发展为编辑工作提供了良好的发挥机会，信息资源共享模式重塑了媒体岗位，编辑需要坚守初心使命，努力提升自身能力，锤炼优秀的媒体价值判断能力，积极担当社会责任，正确进行舆论引导，为构建良好的社会环境作出贡献。

参考文献

[1] 朱光潜.文艺心理学[M].北京:中国文史出版社,2021.

[2] 苗棣,王昕.大众文化与审美:电视艺术论[M].北京:北京广播学院出版社,2004.

[3] 马歇尔·麦克卢汉.理解媒介:论人的延伸[M].何道宽,译.南京:译林出版社,2019.

[4] 胡智锋.理念与路径:胡智锋自选集[M].北京:中国国际广播出版社,2022.

[5] 曾祥敏.电视采访[M].北京:中国传媒大学出版社,2010.

[6] J.赫伯特·阿特休尔.权力的媒介[M].黄煜,裘志康,译.北京:华夏出版社,1989.

[7] 施蛰存.施蛰存全集·十年创作集[M].上海:华东师范大学出版社,2011.

[8] 严家炎.中国现代小说流派史[M].北京:新星出版社,2021.

[9] 施蛰存.施蛰存全集·北山散文集[M].上海:华东师范大学出版社,2011.

[10] 李山,过常宝.历代高僧传[M].济南:山东人民出版社,1994.

[11] 谭桂林.20世纪中国文学与佛学[M].合肥:安徽教育出版社,1999.

[12] 贺一鹏.微博时代,生产性受众的能动与被动[J].新闻世界,2012(6):126-127.

[13] 张红军,王瑞.微博:"沉默"受众的演讲台:微博带来的受传角色变化及相关问题[J].新闻知识,2011(9):3-6.

[14] 陶侃.学术期刊编辑的学习力:意蕴、活化与拓展:基于知识的社会建构视角[J].出版科学,2012,20(5):38-41.

[15] 张斌.期刊编辑的创新意识培养与创新能力提高[J].青年记者,2012(32):38-39.

[16] 孙庆生.让出版事业与人工智能共舞[J].中国出版,2017(17):16-20.

[17] 罗飞宁.人工智能时代:编辑的能与不能[J].出版广角,2018(14):41-43.

[18] 唐丽芳.责任编辑的审美责任[J].出版发行研究,2014(1):50-52.

[19] 卢焱.编辑审美及其实现[J].郑州大学学报(哲学社会科学版),2011,44(6):148-152.

[20] 周青.论编辑意识与期刊的品牌建设[J].中国报业,2012(18):108-109.

[21] 丁子涵.融合发展环境下传统出版社编辑素养提升策略[J].中国编辑,2021(8):93-96.

[22] 杨春柳.当好微编辑用好微平台凝聚微力量:新媒体时代微信编辑素养新思考[J].科研,2016(4):191.

[23] 刘云佳.新时期期刊编辑职业素养的提升策略[J].采写编,2023(1):131-133.

[24] 王龙杰.全媒体时代高校学报编辑专业发展创新模式研究:《广西师范大学学报》互动参与式编辑培训的探索和实践[J].编辑学报,2015(3):299-301.

[25] 吴浩,练鹏燕.新时代教育类期刊编辑核心素养的内涵要义与提升路径[J].传播与版权,2023(6):22-24.

[26] 汪宏晨.具有专业背景的科技期刊编辑培训模式研究[J].出版科学,2016,24(6):42-44.

[27] 伍盈,唐敏,林婧婧.技术反思与价值坚守:算法时代的高校媒介素养教育[J].传媒,2022(9):79-81.

[28] 吉畅.浅谈编辑职业能力和素质的培养[J].长春教育学院学报,2011(2):67-68.

[29] 窦林卿.传统出版社快速开展数字化业务的路径新探索[J].编辑之友,2013(1):76-78.

[30] 张雨晗.全媒体出版:现状与未来[J].现代出版,2011(2):14-17.

[31] 张兰,吴守凤.栏目策划:彰显期刊的特色[J].中央民族大学学报(哲学社会科学版),2010(3):142-144.

[32] 陈北宁.理工类大学学报栏目策划的约束条件[J].中国科技期刊研究,2014(4):491-493.

[33] 李艳.高校学报栏目策划研究[J].中国出版,2009(3):57-59.

[34] 吴天德.浅议学术期刊的栏目策划与创新[J].四川文理学院学报,2012(6):147-149.

[35] 王树槐.期刊栏目如何策划成市场卖点[J].编辑之友,2015(6):74-76.

[36] 郑泽永.教育期刊栏目策划与设定的思考[J].中国科技纵横,2011(8):170.

[37] 李梅.期刊栏目策划的重要性与原则[J].出版发行研究,2008(4):64-65.

[38] 赵大良,杜秀杰.简论高校学报的育人功能[J].编辑学报,2009(5):380-381.

[39] 胡虹.论高校学报的功能属性与质量属性[J].四川理工学院学报(社会科学版),2010,25(1):137-140.

[40] 章梅芳,张馨予.以弘扬科学家精神为核心,大力发展科学普及[J].中国科技论坛,2022(2):8-10.

[41] 胡祥明.中国科学家精神时代内涵的凝练及塑造[J].科协论坛,2018(12):8-11.

[42] 段晓男.礼赞"科学家精神"[J].中国科学院院刊,2019,34(1):1-2.

[43] 喻国明.深度报道:一种结构化的新闻操作方式[J].电视研究,1997(6):12-15.

[44] 纪建强,董晓辉.以科技自立自强塑造发展新动能新优势[J].红旗文稿,2022(23):27-30.

[45] 周忠和.科学进步与科学共同体的社会责任[J].科技导报,2019,37(2):36-39.

[46] 宣柱锡.以积极向上的奋斗精神引导年轻一代:深圳报业集团媒体正面人物报道的新尝试[J].青年记者,2012(1):40-42.

[47] 汪苏华.提高国民科学素养是新闻媒体的职责[J].当代传播,2006(5):22-24.

[48] 杨雪.融媒体时代主流媒体如何更好弘扬科学家精神:以科技日报社2019年新闻实践为例[J].科技传播,2021,13(2):59-61.

[49] 任福君.党领导下中国科学家精神的传承与演变[J].中国科技论坛,2022

（2）：1-3.

［50］ 陈思和,刘志荣,王光东.民族风土的精神升华:文学中的乡土、市井与西部精神［J］.上海社会科学院学术季刊,1999(4):180-189.

［51］ 张清华.民间理念的流变与当代文学中的三种民间美学形态［J］.文艺研究,2002(2):53-64.

［52］ 陈思和,何清.理想主义与民间立场［J］.中山大学学报(社会科学版),1999,39(5):1-9.

［53］ 木子."戏说"·历史剧创作·"纪晓岚":电视剧《铁齿铜牙纪晓岚》续集剧本研讨会综述［J］.现代传播,2001(4):124-125.

［54］ 张闰洙.庄子的自由理念［J］.辽宁师范大学学报(社会科学版),2004,27(4):13-16.

［55］ 王萍.《故事新编》和"戏说"型历史剧文化内涵之比较［J］.江苏广播电视大学学报,2004,15(4):53-55.

［56］ 张同军.浅谈记者对采访现场元素的调控［J］.新闻传播,2012(8):119.

［57］ 张伦,胥琳佳,易妍.在线社交媒体信息传播效果的结构性扩散度［J］.现代传播(中国传媒大学学报),2016,38(8):130-135.

［58］ 易艳刚.社交媒体时代的"信息疫情"［J］.青年记者,2020(6):96.

［59］ 王瑞华.新媒体信息传播的问题与法律规制［J］.传媒,2018(8):95-96.

［60］ 吴梦瑶,黄佳蔚.风险社会视域下的新媒体信息治理研究［J］.新闻论坛,2021,35(5):92-94.